SCHLERN - SEISER ALM

UNTERWEGS IM SCHLERNGEBIET
INHALTSVERZEICHNIS

2 DAS SCHLERNGEBIET
- 4 Die Zeugen vergangener Tage
- 6 Burgen, Schlösser und Ruinen
- 13 Brauchtum, Tradition und Fremdenverkehr

18 KASTELRUTH
- 20 Die Kirche
- 23 Malerisches Kastelruth
- 28 Das Zentrum
- 32 Die Umgebung
- 35 Die Fronleichnamsprozession

43 LADINISCHE FRAKTIONEN
- 43 Pufels
- 46 Runggaditsch

48 ST. MICHAEL

50 TISENS
55 TAGUSENS
- 56 Die Trostburg

58 RUND UM DEN SCHLERN

66 DIE SEISER ALM *und die umliegenden Berge*
- 74 Zu den Rosszähnen und zum Molignon
- 81 Die Langkofelgruppe
- 86 Beim Zallinger
- 87 Aufstieg zu den Schlernhäusern

DAS GRÖDENTAL
- 94 Rund um die Langkofelgruppe

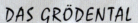

102 SEIS AM SCHLERN
- 106 St. Valentin
- 110 Die Ruinen um Seis
- 113 Die Malenger Mühle
- 114 St. Oswald

116 DER OSWALD VON WOLKENSTEINRITT
Das Reitspektakel unterm Schlern

123 VÖLS AM SCHLERN
- 128 St. Konstantin
- 129 Schloss Prösels
- 132 Der Völser Weiher
- 134 Von Völs zum Rosengarten

138 DER WINTER
- 141 Schneevergnügen auf der Seiser Alm

GEOGRAPHISCHE LAGE

DAS SCHLERNGEBIET

gehört zu den unbestrittenen Höhepunkten der Südtiroler Landschaft; die konstrastierenden Gegensätze, die das Landschaftsbild beherrschen und dessen Einzigartigkeit ausmachen, resultieren aus den sanften Konturen der Mittelgebirgsschulter, über der sich in unerhörter und plötzlicher Wildheit jenes »geologische

Musterstück«, das Schlernmassiv, dem Himmel entgegenstreckt. Die Gegensätzlichkeit der Landschaft findet sich wieder in ihrem Klima, ihrer Flora und Fauna: Zwischen 400 und 2500 Höhenmetern erstreckt sich das

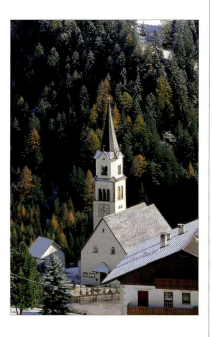

Gebiet, »von der Rebe bis zum Zirbelzapfen«, wie der Topograph J. J. Staffler die enorme Spannweite trefflich formulierte. Wobei selbst der Zirbelzapfen dort nicht mehr gedeiht, wo das Gebiet in den Himmel wächst.

• Das Schlernmassiv, im Hintergrund das Dolomitengebirge

Der Schlern – mythen- und symbolträchtiger Hausberg aller Kastelruther, Seiser, Völser und, mehr noch, Symbolberg aller Südtiroler, übt aufgrund seiner eigenwilligen und einzigartigen Form seit Menschengedenken eine ganz besondere Faszination auf den Betrachter aus: Einst Kultstätte frühgeschichtlicher Kulturen, so sagt die Wissenschaft, später dann Tummelplatz böswilliger Hexen und verführungsfreudiger Teufel, so erzählt die Legende, ist »der Berg« heutzutage Maß aller Dinge und Bergsteiger im Schlerngebiet. Viele Wege, einer schöner als der andere, führen mittlerweile auf seinen breiten Rücken, und wer sich von den Mühen des Aufstiegs nicht abhalten lässt, wird mehr als reichlich belohnt: Ein unbeschreibliches Gefühl absoluter Leichtig- und Schwerelosigkeit bemächtigt sich unweigerlich desjenigen, dem die Welt – und was für eine Welt! – sprichwörtlich zu Füßen liegt.

GEOGRAPHISCHE LAGE

DIE GESCHICHTE

Die Zeugen vergangener Tage

GAR EINIGE GROSSE NAMEN

hat die Landschaft unter dem Schlern im Laufe der Jahrhunderte hervorgebracht. Allen voran ist natürlich Oswald von Wolkenstein, einer der berühmtesten Minnesänger des Mittelalters, zu nennen; unter den Literaten muss weiters Rudolf Christoph Jenny genannt werden, der, aus Ungarn gebürtig, in Kastelruth aufwuchs und hier die Grundlagen erhielt für sein literarisches Schaffen. Zu den international anerkannten, in Kastelruth geborenen oder beheimateten Vertretern der bildenden Künste hingegen zählen Oskar Wiedenhofer,

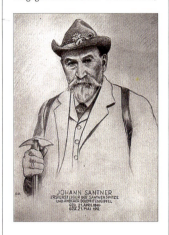

Willy Valier (1920–1968) und natürlich Eduard Burgauner (1873–1913), letzterer Meister der so genannten »Lüftlmalerei.« Nicht zuletzt muss in diesem Zusammenhang auch Leo Santifaller (1890–1974), einer der großen Geschichtsforscher seiner Zeit, erwähnt werden; an ihn und sein Schaffen erinnert eine Gedenktafel im Kastelruther Glockenturm. Ein Künstler ganz anderer Natur war nicht zuletzt Johann Santner (1841-1912), dessen Name unter jenen der besten Bergsteiger seiner Zeit geführt wird. Er war es, der die damals als unbezwingbar geltende Schlernspitze als erster eroberte und ihr seinen Namen gab.

Die viele Jahrtausende umspannende Geschichte des Schlerngebiets erschließt sich dem Besucher nicht auf den ersten Blick – ein Großteil der Zeugen vergangener Tage ist der Geschichte und dem Zahn der Zeit zum Opfer gefallen. Nichtsdestotrotz weisen zahlreiche Funde weit zurück in die Zeit vor Christi Geburt und belegen, dass die Besiedelung um etwa 7.000 v. Chr. ihre Anfänge nahm. Tonscherben, Keramikspuren, prähistorische Kultstellen und Siedlungsreste in Völs (Völser Aicha, St. Kontantin) und Kastelruth (Katzenlocher Bühel, Porzer Heidenbühel, »Gschlier« im Laranzer Wald und der Kofel bzw. Kalvarienberg) erzählen von der Frühstein- und der Bronzezeit; Reste einer Wallburg bzw. Ringwallanlage erschließen sich dem geschulten Auge in der Laranzer Gegend vor Kastelruth (Gschlier, Runkkereck, Katzenlocherbühel). Schalen, Henkelkrüge und andere Keramikstücke belegen unzweideutig die Standorte der damaligen Siedlungen. Sensationen lösten unter Wissenschaftlern der Fund des berühmten Hauensteiner Achtkant-Schwerts aus der Hochbronzezeit sowie eines latènezeitlichen Eisenhelmes (am Kofel in Kastelruth) aus – beides befindet sich heute zur Aufbewahrung im »Ferdinandeum« zu Innsbruck.

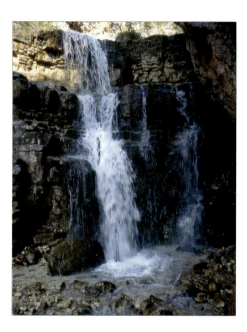

• Schloss Prösels bei Völs

• Waidbruck und der Eisackfluss

DIE GESCHICHTE

Im Jahre 15. v. Chr. wurde auch die Bevölkerung unter dem Schlern von den Römern unterworfen.
Aus dieser Zeit gibt es bisher nur spärliche Funde: Vom Peterbühl in Völs liegen eine Mittelbronze des Augustus und ein As des Caligula vor, am Porzer Heidenbühel fand sich neben frührömischer, strichverzierter Keramik auch eine kleine, norisch-pannonische Flügelfibel – möglich, dass sich hier eine Kultstätte befand. In Kastelruth hingegen bestand zweifelsohne eine römische Siedlung: Deren Überreste wurden erst kürzlich entdeckt und mit römischen Grabfunden, die 1887 beim Kirchenumbau zu Tage gefördert wurden, in Zusammenhang gebracht. Erst im Laufe des 5. Jahrhunderts zogen sich die Römer vor den aus Norden vorrückenden Germanenscharen wieder aus dem Gebiet zurück – aus dieser Zeit stammen vermutlich die bereits genannten Befestigungsanlagen in Kastelruth und in Völs.

NICHT IMMER

sind archäologische Grabungen oder historische Funde, angesichts derer Wissenschaftler in Begeisterung ausbrechen, die ausschließlichen oder aussagekräftigsten Zeugen der Vergangenheit. Sie sind nur ein Teil derselben und Grundlage all dessen, was uns heute intakt und lebendig begegnet. Geschichte und Geschichten vom Leben unserer Ahnen, ihrem Glück und ihren Mühen, ihren Ängsten und Hoffnungen erzählen am schönsten Dinge, denen wir täglich ungezählte Male gegenüberstehen: Häuser und Hütten, Scheunen und Ställe, Wege und Zäune, Mauern und Gärten, Gerätschaften und Zierrat, Kleidung und Trachten... Die enorme Vielfalt und die jahrtausendealte Geschichte des Schlerngebiets zeigt sich ganz besonders schön – vor allem aber: jedermann und jederzeit zugänglich – in eben diesen »Kleinigkeiten«, die zum Großteil noch heute unverzichtbarer Bestandteil des täglichen Lebens sind.

• Der Langkofel auf der Seiser Alm

VERGANGENES

Burgen, Schlösser und Ruinen

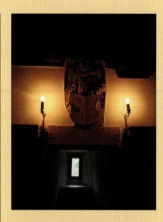

DER MINNESÄNGER

Oswald von Wolkenstein ist zweitgeborener Sohn von Friedrich von Wolkenstein, Herrscher des Grödentales. Im Gefolge eines fahrenden Ritters lernt Oswald in seiner Jugend viele Ländereien Europas kennen und kehrt mit 23 Jahren in seine Heimat zurück, wo er als Krieger und im weltlichen Handel sein Glück versuchte. Nach einem Schiffsbruch kehrte er ins Schlergebiet zurück, begab sich jedoch immer wieder auf neue Weltreisen. Seine Dichtungen waren in adeligen Kreisen sehr beliebt und seine Lieder sind heute einer der Grundsteine der deutschen Literaturgeschichte.

Das Juwel der Burganlagen im Schlerngebiet ist Schloss Prösels; mächtig erhebt sich die gut erhaltene Burg über dem steil abfallenden Tal unterhalb von Völs am Schlern und beeindruckt durch ihre ebenso großartige wie großzügige Anlage. Urkundlich wurde das Schloß im Jahre 1279 erstmals erwähnt und ist somit der Regierungszeit der Herren von Völs zuzuschreiben. Im 16. Jahrhundert erhielt es unter Leonhard von Völs seine heutige Gestalt. Besonders schön ist der Innenhof mit zwei Loggiengängen und – unter den Innenräumen – der »Pfeilersaal«. Im Jahre 1804 starb der letzte Vertreter des edlen Geschlechts der Herren von Völs; seither erlebte die stolze Anlage mehrere Besitzerwechsel, bis sich ein privates Kuratorium seiner Geschicke annahm und diese seither mit viel Feingefühl und Kunstsinn leitet. Als besonderen »Schatz« sieht man im Schlerngebiet die gut erhaltene Sammlung von Waffen und Ritterrüstungen, welche im Pfeilersaal von Schloss Prösels untergebracht ist.

• rechts: Schloss Prösels gegen Puflatsch und Schlern

VERGANGENES

Die Jahrhunderte zogen ins Land und das Eisacktal gewann als Nord-Süd-Achse große strategische und wirtschaftliche Bedeutung, was sich selbstverständlich auch auf das Schlerngebiet unmittelbar auswirkte. Kirchliche und weltliche Herren wechselten sich ab im Besitze der Ländereien unter dem Schlern, und mit der Zeit kristallisierten sich die noch heute gültigen Gemeindegrenzen heraus. Noch lange aber waren die Dörfer unter dem Schlern so gut wie gänzlich von der Außenwelt und den modernen Entwicklungen, die dort stattfanden, abgeschnitten: Erst ab dem ausgehenden 19. Jahrhundert wurde mit dem Bau der Zufahrtsstraßen der Grundstein gelegt für den Anschluss an die Moderne: Waidbruck-Kastelruth wurde im Jahre 1887 eröffnet, während das Projekt für die Verbindungsstraße von Blumau über Völs, Seis, Kastelruth bis nach St. Ulrich 1905 vorgelegt und kurz darauf realisiert wurde. Auf diesen neuen Straßen hielten in Form regen Verkehrs schon bald die Neuzeit, der Tourismus und nicht zuletzt solider Wohlstand Einzug ins Schlerngebiet.

• Ruine Salegg über Seis

EBENSO EINZIGARTIG

wie vielfältig ist die Sagenwelt der »Bleichen Berge«: Hinterlistige Zwerge und freundliche Mondbewohner, grausame Herrscher und verliebte Prinzen, alte Warzenweiber und gütige Fräuleins begleiten, schützen oder ruinieren seit jeher die Menschen unter dem Schlern. Diese alten Geschichten erzählen noch heute von uralten Ängsten, ewigen Werten und vor allem von langen, dunklen Winterabenden, an denen die Phantasie ungehindert die buntesten Blüten treiben durfte.

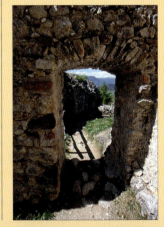

• Schloss Prösels aus der Luft

DER SCHLERN UND DIE BURGEN

• auf dem Kofel

AM KOFEL IN KASTELRUTH

steht eine kleine Kapelle mit zwei Brunnen, deren Geschichte folgende ist: Nachdem König Laurin die Schlern-Saligen in unscheinbare Blumen verwandelt hatte, blies der mächtige, aber gutmütige Schlern-

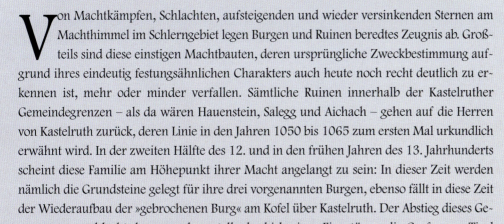

Von Machtkämpfen, Schlachten, aufsteigenden und wieder versinkenden Sternen am Machthimmel im Schlerngebiet legen Burgen und Ruinen beredtes Zeugnis ab. Großteils sind diese einstigen Machtbauten, deren ursprüngliche Zweckbestimmung aufgrund ihres eindeutig festungsähnlichen Charakters auch heute noch recht deutlich zu erkennen ist, mehr oder minder verfallen. Sämtliche Ruinen innerhalb der Kastelruther Gemeindegrenzen – als da wären Hauenstein, Salegg und Aichach – gehen auf die Herren von Kastelruth zurück, deren Linie in den Jahren 1050 bis 1065 zum ersten Mal urkundlich erwähnt wird. In der zweiten Hälfte des 12. und in den frühen Jahren des 13. Jahrhunderts scheint diese Familie am Höhepunkt ihrer Macht angelangt zu sein: In dieser Zeit werden nämlich die Grundsteine gelegt für ihre drei vorgenannten Burgen, ebenso fällt in diese Zeit der Wiederaufbau der »gebrochenen Burg« am Kofel über Kastelruth. Der Abstieg dieses Geschlechts begann, als anstelle der bisherigen Eigentümer die Grafen von Tirol die Vogtei der Brixner Kirche übernahmen und auf die Bildung eines Territoriums beiderseits des Brenners bedacht waren – Unternehmen, in dem sie schlussendlich erfolgreich waren: Die Haupt- und die Seitenlinien der Kastelruther wurden entweder vertrieben oder für alle Zeiten unschädlich bzw. ungefährlich gemacht.

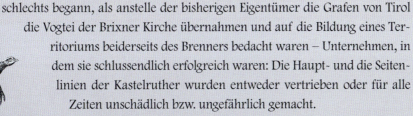

wind die Blümlein vom Berg hinunter auf den Kalvarienberg, wo er sie neben der Heiliggrab-Kirche fallen liess. Nun verliert jeder noch so mächtige Zauber in geweihter Erde seine Wirkung und die Saligen, die als Unkraut im linken Brunnen der Kapelle gelandet waren, wurden wieder zurückverwandelt in winzige, wunderschöne Fräuleins, die sich der Storch holt, wann immer er ein besonders schönes Mädchen nach Bozen bringen will.

In der Folge verfielen auch die Burgen, zumal die Pfandherrschaft Kastelruth über die Jahrhunderte verschiedenen Geschlechtern übertragen wurde, denen nichts am Wiederaufbau der zerstörten Burgen lag.

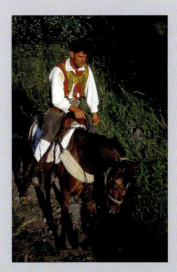

• links: der Schlern im Abendlicht

DER SCHLERN UND DIE BURGEN

Nicht mehr und nicht weniger als zwei Burgen konnten die wechselvolle Geschichte des Schlerngebiets relativ unbeschadet überstehen und legen so noch heute stolzes Zeugnis ab von der einstigen Macht ihrer Besitzer. Das einmalig schön gelegene Schloss Prösels in Völs ist in seiner heutigen Form in den Anfangsjahren des 16. Jahrhunderts entstanden, gerade zu der Zeit, als die Burgen im Kastelruther Gemeindegebiet aufgegeben und dem Verfall überlassen wurden. Leonhard von Völs, auch »der letzte Ritter« genannt und großer Kunstmäzen und Humanist, ließ die ehemals sehr viel kleinere Burg zu dem heutigen Schloss umbauen, vergrößern und ausschmücken.

Die schöne Trostburg hingegen, auf einem steilen Felsenhang über Waidbruck gelegen, konnte die Jahrhunderte vor allem dank des lückenlosen Machterhalts der Wolkensteiner bis weit in das 18. Jahrhundert hinein relativ unbeschadet überstehen.

• oben: der Schlern in der Abendsonne   • rechts: Schloss Trostburg unterhalb Tagusens

BESONDERE ERWÄHNUNG

im Zusammenhang mit stimmungsvollen und schönen Gemäuern sollten auch die zahlreichen, stolzen Gehöfte im Schlerngebiet finden, deren Geschichte teilweise bis ins Mittelalter zurückführt. Aus ihrer Lage und Anlage, ihrer Bauweise und Ausstattung lassen sich zahlreiche Rückschlüsse ziehen auf die Arbeits- und Lebensweise unserer Vorfahren.

Brauchtum, Tradition und Fremdenverkehr

Seit jeher gilt die Bevölkerung unter dem Schlern als besonders stolz und – konsequenterweise – traditionsgebunden. Dieser starken Bodenhaftung der bäuerlichen Bevölkerung konnte auch die rasante Entwicklung des Tourismus, die Anfang des 19. Jahrhunderts mächtig in Schwung kam, keinen Abbruch tun. Im Gegenteil ist es den hier beheimateten Menschen in geradezu vorbildlicher Weise gelungen, Neuerungen und zahllose Annehmlichkeiten unserer modernen Tage mit offenen Armen willkommen zu heißen, ohne andererseits ihre bäuerlichen Wurzeln zu verraten. So hält beispielsweise ihr kunstvoll geschlungener und gewundener Dutt im Nacken die Bäuerin in keinster Weise davon ab, ebenso selbstbewusst wie gekonnt das allerneueste Stück Traktor über ihre Felder zu manövrieren – während ihr Mann, der Bauer, den ebenso berühmten wie geliebten »Blauen« (»Schurz« = Schürze) selbstbewusst auch dann vor dem Bauch gebunden trägt, wenn er seinen neuesten Mercedes Jeep vor dem Gasthaus parkt.

So hat ihr Stolz auf die über Jahrhunderte gewachsene, sorgsam gehütete Kultur die Menschen unter dem Schlern davor bewahrt, in der Anonymität der Neuzeit zu versinken. Kein Wunder also, wenn sie anlässlich zahlreicher Gelegenheiten im Jahr die Essenz ihrer bunten Vergangenheit in Form der farbenfrohen Trachten stolz zur Schau tragen: An hohen kirchlichen Feiertagen wie Erntedank und Fronleichnam, anläßlich weltlicher Festtage wie dem Oswald-von-Wolkenstein-Ritt im Juni, der Kastelruther Bauernhochzeit (im Januar) oder hochsommerlicher Schau-Umzüge; kein Wunder auch, wenn Gäste aus nah und fern immer wieder staunen angesichts der Farben- und Formenvielfalt der bäuerlichen Festtagsgewänder, kann doch ruhigen Gewissens behauptet werden, dass letztere zu den schönsten in Südtirol und weit darüber hinaus gehören.

BRAUCHTUM IN KASTELRUTH

Dazu schreibt Hans Fink, der versierte Volkskundler: »Es müsste überraschen, unterschiede sich das Brauchtum der Gemeinde Kastelruth wesentlich von den diesbezüglichen Gepflogenheiten und Überlieferungen Südtirols. Wenn sich hier aber doch

• Bauernhof bei St. Valentin

einiges von früher erhalten hat, so ist das auf die relativ späte Erschließung und völkische Eigenart dieses Hochplateaus zurückzuführen, nicht zu vergessen, die sich hier länger – ja, in den Außenweilern Pufels, Runggaditsch und Überwasser bis heute – erhaltene Ladinität, wozu sich Reste des seinerzeit fast gänzlich auf das bäuerliche Denken, Leben und Treiben abgestimmten Daseins gesellen.«

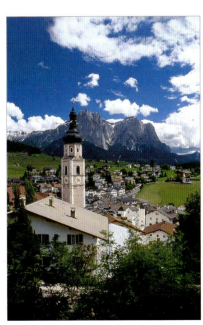

• links: der Plattkofel bei Sonnenuntergang   • oben: Frohnleichnamsprozession   • Kastelruth

• auf dem Schlern

BRAUCHTUM

Die Prozessionen zählen mit zum Größten und Eindrucksvollsten, was Kastelruth an Brauchtum im Jahreslauf zu bieten hat. »Fronleichnam« sowie »Peter-und-Paul« im Juni und »Erntedank« im Oktober – längst sind diese drei großen Prozessionen ob ihrer Farbenpracht und Vielfalt weit über die Landesgrenzen hinaus bekannt und ziehen alljährlich viele Besucher an und in ihren Bann. Der Brauch dieser und anderer Flurumgänge reicht weit zurück in längst vergangene Zeiten und fußt in erster Linie auf der christlichen Bitte um Segen und Gedeihung, hatte früher, zu Zeiten der Gerichtssprengel, aber auch praktisch-rechtliche Bedeutung.

So gut wie unbekannt und ein reiner Bittgang hingegen ist die Pestprozession, die alljährlich am Tag nach Christi Himmelfahrt in größter Stille und noch vor Tagesanbruch stattfindet. Dass sich an dieser Prozession alljährlich viel Volk beteiligt, mag erstaunen, beweist aber die schlichte Aufrichtigkeit sowohl der Prozession als auch ihrer Teilnehmer. Die Pestprozession hat ihren Ursprung in den fernen Jahren 1636/37, als die letzte große Epidemie auch in der Gegend unter dem Schlern zahlreiche Opfer forderte. Damit sich solches nie mehr wiederhole, zieht die Bevölkerung seither jedes Jahr bittend und betend vom Dorf über St. Michael, Tiosels und St. Valentin wieder zurück in die große Pfarrkirche. Übrigens werden entlang des Weges, auf dem die Prozession zieht, in den Fenstern Kerzen angezündet – wohl in Erinnerung an die Zeit der unheimlichen Seuche, als eine brennende Kerze im Fenster der Außenwelt signalisierte, dass in diesem Hause noch jemand am Leben war.

EIN STÜCK BRAUCHTUM

und Tradition ist auch der würzige, heißgeliebte Speck. Wer immer ihn produziert, legt sein ganzes Herz und Können darein, das Stück Schinken mit viel Zeit und mithilfe scharf gehüteter Familienrezepte über Monate haltbar zu machen. Das Ergebnis die-

ser aus der Not geborenen Volks-Kunst ist, dass heutzutage Genießern in aller Welt vor Freude das Herz im Leibe hüpft angesichts des würzig geräucherten Schinkens. Zum Speck gehört naturgemäß das Schüttelbrot, das typische, über Monate haltbare

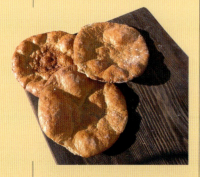

Bauernbrot, Rotwein natürlich und, wer's packt, scharfer Kren (zu deutsch: Meerrettich). Es gibt Leute, die für das richtige Stück Speck mit den richtigen Zutaten in der richtigen Umgebung jedem Vier-Hauben-Koch der Welt glatt einen Korb gäben... verdienen tut er's ja, der Speck!

• Feldarbeit im Frühling

• Erntedankprozession bei Kastelruth

• Frohnleichnamsprozession

TRADITION

• Prozessionsumzug in Kastelruth

• Speltenzaun

Der Grund dafür, dass in den letzten Jahren im Schlerngebiet viele alte Traditionen neu belebt wurden und werden – während sie andernorts zunehmend in Vergessenheit geraten –, ist nicht mit Sicherheit festzustellen. Es ist aber sehr wohl möglich, dass gerade unsere schnelllebige Zeit vor allem in den jüngeren Generationen das Traditions- und Kulturbewusstsein weckt und/oder verstärkt. So begegnet beispielsweise der Wanderer und Spaziergänger in jüngster Zeit wieder des öfteren neuen, »alten« Speltenzäunen, die so bezeichnend sind für des Landmanns schlichtes Ingenium und seinen auf das wesentliche reduzierten Kunst-Sinn; bis vor Jahren waren solche und andere Kunst-Stücke unserer Ahnen nahezu gänzlich aus dem Ortsbild verschwunden – kehren nun aber umso selbstbewusster wieder. Auch in anderen Bereichen bemüht sich die ältere Generation letzthin verstärkt darum, Traditionen, die eigentlich schon der Vergangenheit angehörten, wieder ins Rampenlicht und somit ins Bewusstsein der Jungen zu rücken, wie z. B. die einst heißgeliebten Almwochen, die von harter Arbeit, aber auch fröhlicher Geselligkeit geprägt waren. Die berühmten Kastelruther Prozessionen bilden in diesem Zusammenhang eine rühmliche Ausnahme: Nie standen sie in Gefahr, aus dem Dorfleben zu verschwinden, und nie mangelte es dem Nachwuchs an Interesse oder Freude an diesem schönen, uralten Brauch der Ahnen.

ALMHEU

Genauestens geregelt sind heute noch die Sommerwochen, in denen auf der Alm das Heu gemäht und eingebracht wird: Die Juli- und Augustwochen, in denen alle verfügbaren Hände gebraucht wurden, heißen auch heute noch Magdalienwoche, Unserfrauenwoche, Bartlmäwoche usw. Es wurde hart gearbeitet, aber auch fröhlich gefeiert, wenn das Heu mit Gottes und Petrus' Hilfe gut und trocken eingebracht worden war. Übrigens: Während dieser Mahdwochen war es üblich, dass das bäuerliche Personal im »Heubett« ruhte – und dabei Gelegenheit hatte, dessen wohltuende und sogar heilende Wirkung zu erfahren. Daraus entstand das berühmte Heubad – eine wohltuende und himmlisch duftende Erfahrung, die in jüngster Zeit eine berechtigte Renaissance erlebt.

• Heuernte auf der Seiser Alm

TRADITION

DAS KLETTERN

ist nur eine der vielen, sommerlichen Freizeitgestaltungs-Möglichkeiten, die das Schlerngebiet zu bieten hat. Es hat hier sogar eine gewisse Tradition – spätestens seit Johann Santner »seine« Schlernspitze bezwang. Viele stellen sich der Herausforderung und bezwingen auf immer neuen Varianten und in immer neuen Variationen die Gipfel und Türme der Bleichen Berge. Kleine und große Seilschaften tummeln sich in steilen Wänden und an schroffen Überhängen und viele der begeisterten, einheimischen Kraxler haben ihre Leidenschaft zum Beruf gemacht, indem sie Unerfahrene und Neulinge sicher und gekonnt durch und auf »ihre« Berge führen. Ganz besonders eindrucksvoll sind sommerliche Nacht- und »Fackel«-Besteigungen der Santnerspitze, z. B. anlässlich »Herz Jesu« im Juni und der Mittsommer-Feiertage im August.

• Kletterpartie

• St. Michael

• Kühe oberhalb Kastelruth

Ist das Freizeitangebot im Schlerngebiet und rund ums Jahr heute der Vielfalt der Landschaft zum mindestens ebenbürtig, so ist das unter anderem der touristischen Entwicklung, die seit den 60er Jahren mächtig in Schwung kam, zu verdanken. Noch vor wenigen Jahrzehnten war hier oben allein das Wort »Freizeit« ein Fremdwort: Wo sollten die Bauern solche auch hernehmen? Der Jahreslauf wurde geprägt von Sonn- und Feiertagen – und natürlich Bräuchen, die der Bevölkerung eine willkommene Abwechslung boten im recht eintönigen Alltag. Kein Mensch wäre noch vor wenigen Generationen auch nur auf die Idee gekommen, einen der umliegenden Berge zu besteigen. Ganz davon abgesehen, dass niemand weder Zeit noch Muße dafür ge-

habt hätte, fand man des Gebirge früher abstoßend, gefährlich und bedrohlich. Der bäuerliche Mensch blieb im Tal, wo Wiesen und Weiden Sicherheit und ein Auskommen boten und überließ die schroffen Wände der Bleichen Berge getrost Geistern, Feen, Zwergen und Kobolden.

Der moderne Bergtourismus im Sinne sportlich motivierten Bergsteigens wurde erst im ausgehenden 19. Jahrhundert von den Engländern quasi »erfunden«; bis zu diesem Zeitpunkt waren Berge zwar vereinzelt erst aus religiösen, später dann aus naturkundlichen Gründen bestiegen worden – und somit und über die Jahrhunderte von ihren dunklen Mythen befreit – in keinster Weise aber wurde jemals ein Berg um des schlichten Bergsteigens willen bestiegen, bevor nicht eben die Engländer auf diese damals vielen noch skurril und waghalsig anmutende Idee kamen. Hier im Schlerngebiet war Johann Santner einer der Pioniere, die als Wegbereiter für das moderne Bergsteigen und Klettern fungierten und somit gewissermaßen eine neue Welt schufen für alle, die nach ihm kamen und noch kommen werden.

FREMDENVERKEHR

• Kastelruther-Spatzen-Fest im Herbst

• Dorfzentrum in Kastelruth

Ganz klar: Über die Jahrzehnte und aufgrund des einzigartig breit gefächerten Freizeitangebots, der Schönheit der Landschaft und nicht zuletzt des von Natur aus freundlichen Wesens der Einheimischen hat sich in den Dörfern unter und rund um den Schlern eindeutig eine touristische Prägung herauskristallisiert; so ist es nur natürlich, dass – zu besonderen Anlässen oder während der traditionell »heißen« Ferienmonate – die im Grunde ruhigen und idyllischen Dörfer aus allen Nähten platzen. Nichtsdestotrotz ist dieser fröhliche Trubel immer ein »ich will«, niemals ein »ich muss«. Verschwiegene Winkel und Gassen, stille Almen und Wälder sind stets nur eine Schulterdrehung von dem bunten Treiben in den Dörfern entfernt: Das Gebiet und die Landschaft sind einfach zu weitläufig und zu offen, als dass jemals Enge entstehen könnte. Diese »Gelassenheit« und Offenheit der Landschaft hat sich naturgemäß auch auf ihre Bewohner übertragen: Offenen Gemüts sind sie für einen Gedankenaustausch, einen kleinen Plausch und natürlich ein freundliches »Grüß Gott« stets zu haben. Bereitwillig teilen sie ihr Wissen und ihre Kenntnisse und so mancher, der hier auf Urlaub weilt, erfährt in diesen kleinen Gesprächen mehr über Land und Leute, als alle Reiseführer und Prospekte dieser Welt zusammengenommen mitteilen könnten. Der Tourismus hat insofern zwar die Dörfer und den Alltag ihrer Bewohner einschneidend verändert, nicht aber ihr beschauliches und gastfreundliches Wesen!

TRADITIONELL

gehört die Nacht hier oben Hexen, Geistern und ... der Ruhe. In ländlichen Gegenden ist es von alters her so, dass der Mensch sich dem Rhythmus der Natur – der er hier so nahe ist – anpasst. Durch die vielen Gäste, die das ganze Jahr über im Schlerngebiet weilen, hat sich natürlich auch in diesem Zusammenhang einiges geändert und so sind heutzutage die Nächte hier gar manches Mal länger als und fast genauso lebendig wie die Tage.

• Geschäftsstrasse in Kastelruth bei Nacht

DER HAUPTORT

• Dorfbrunnen im Zentrum von Kastelruth

KASTELRUTH

DIE KRAUSEN

Das Kastelruhter Dorfbild wird ganz besonders geprägt von den sogenannten »Krausenhäusern«; die stolzen Ansitze mit den charakteristischen Zinnen erinnern noch heute an das Streben und Schaffen derer von Kraus zu Sala, die im 16. Jahrhundert aus Ungarn kamen und schon bald zu den wichtigsten und einflussreich-

sten Familien unter dem Schlern gehörten. In der Kapelle des Glockenturms erinnert noch heute eine Gedenktafel an den »trefflichen« Michael Fodor Kraus von Sala, den Begründer der Kastelruther Krausenlinie, der sich als tüchtiger Geschäftsmann, aber auch als besonderer Wohltäter für »seine« Gemeinde erweisen sollte.

Und so wären wir auf unserer Reise denn angelangt in Kastelruth, dem Hauptort des Schlerngebietes. Der schöne, gewachsene Dorfkern mit dem malerischen Kirchplatz – dem die einstigen Herren von Kastelruth, jene zu Kraus und Sala ihren unverwechselbaren Stempel aufdrückten – ist Stein gewordener Ausdruck der in vielerlei Hinsicht glücklichen Lage des Dorfes: Stete Beharrlichkeit, Fleiß, Ausdauer und nicht zuletzt eine gehörige Portion Selbstbewusstsein und Bauernschläue halfen seiner Bevölkerung, Katastrophen wie die Pestepidemie oder den großen Dorfbrand und deren Folgen schadlos zu überstehen und zu überwinden. Heute ist das Dorf stolzes Abbild einer florierenden Gemeinschaft, und kaum etwas vermag noch an das zwar nicht arme, aber doch recht bescheidene Dörflein, das Kastelruth noch vor wenigen Jahrzehnten war, zu erinnern.

Das Dorf wurde 982 erstmals urkundlich erwähnt und im Jahre 1983 zur Marktgemeinde erhoben; 12 Fraktionen, d.h. Weiler, gehören zur Gemeinde, die flächenmäßig mit ihren 117,81 qkm zu den größten

• Ansicht gegen Kastelruth

Südtirols gehört. Drei der Fraktionen sind sowohl sprachlich als auch räumlich deutlich vom Hauptort getrennt: Sie befinden sich hinter dem Panider-Sattel im Grödental und werden demensprechende ladinische Fraktionen genannt. Die verbleibenden Fraktionen (allen voran Seis und die Seiser Alm, weiters St. Valentin, Tisens, Tagusens, St. Oswald, St. Michael, St. Vigil) sind eine wie die andere hübsche, idyllische Dörflein, die ausnahmslos einen oder auch zwei Besuche lohnen. Übrigens: Der tiefste Punkt der Gemeinde liegt auf 400 m ü.d.M., der höchste weit über der Baumgrenze, womit sich allein schon die Vielfältigkeit der Landschaft erklärt hätte.

Der Ruhm und die Beliebtheit des Dorfes gründen also auf soliden Fundamenten, und selbst der flüchtige Besucher wird nicht umhin kommen, diese zu bemerken: In den schönen und liebevoll gepflegten Fassaden, in der mächtigen Kirche und dem imponierenden Glockenturm, in den stolzen Gehöften in unmittelbarer Dorfnähe und den satten Wiesen, die heute wie eh und je bearbeitet und – im Herbst, nach dem Almabtrieb – beweidet werden.

• Frohnleichnamsprozession in Kastelruth

DER HAUPTORT

Wer sich nur ein wenig hinauswagt aus dem Dorf, wird schon bald auf schöne, uralte Fußwege stoßen, die an liebevoll gepflegten Höfen vorbeiführen und gesäumt sind von in mühevoller Handarbeit errichteten Mauern und Zäunen; er wird an blumen- und kerzengeschmückten »Marterln« und Wegkreuzen vorbeiwandern, schöne, in spitzem Bogen sandsteingerahmte Hauseingänge bemerken, sich an bunt bewachsenen Bauerngärten und idyllischem Hofleben erfreuen – es ist diese eine in vielerlei Hinsicht dem zivilisationsverwöhnten Menschen fremde Welt, die sich hier jedoch nahtlos an- und eingliedert an das moderne, bunte und internationale Treiben »im Dorf«.

EIN BERGFRIEDHOF

Es mag vielleicht ein wenig eigentümlich anmuten, wenn wir Ihnen hier den Besuch des Kastelruther Friedhofes ans Herz legen – er gehört jedoch einerseits zum Dorf wie die Kirche und der Taufbrunnen, und ist andererseits einer der schönsten Bergfriedhöfe Südtirols – viele sagen, der schönste, den sie je gesehen haben. Unmittelbar hinter der Kirche gelegen, ein wenig versteckt und abgelegen wie es sich gehört, beeindruckt der Friedhof schon allein durch die Vielzahl und Einheitlichkeit der schmiedeeisernen Grabkreuze, nicht minder jedoch durch die Sorgfalt und Liebe, mit der die Gräber geschmückt und gepflegt werden. Wer mag, nimmt sich die Zeit um durch die Gräberreihen zu spazieren und die Fotos, Namen und Daten Geschichten und Schicksale erzählen zu lassen. Übrigens stammt der Friedhof, wie er sich dem Besucher jetzt präsentiert, aus der Zeit um 1849, als er anlässlich des Kirchenbaus neu aufgeschüttet wurde.
In diesem Zusammenhang merkt übrigens der Volkskundler Hans Fink in seiner Abhandlung über das Kastelruther Brauchtum positiv an, dass sich zu den Beerdigungen »immer viel Volk einfindet und man zwischen jung und alt bzw. arm und reich keinen Unterschied macht. Nach wie vor trägt der »engste« Nachbar des Verstorbenen »das Licht«, der weiteste hingegen »den Fuhn« (die Bundfahne).«

• Kastelruth mit Kirche und Friedhof gegen Süden

• Friedhof in Kastelruth bei Nacht

DIE KIRCHENORGEL

Zu besonderen Anlässen erklingt in der Kastelruther Pfarrkirche die mächtige Orgel – so mancher Besucher hat das Glück, einer Probe beiwohnen zu können und sich vom mächtigen Klang dieses schönen Instruments verzaubern zu lassen. Die größte zweimanualige Orgel Südtirols wurde im Jahre 1849/50 vom Orgelbauer Alois Schönach aus Meran gebaut und enthält einen Großteil der Pfeifen ihrer Vorgängerorgel, welche unter den Händen des berühmten Meisters Ignaz Franz Wörle aus Bozen entstanden war.

WANDERNDE STATUEN

In der Pfarrkirche können u. a. die Statuen der Unbefleckten und der Maria mit dem Rosenkranz bewundert werden, die – zusammen mit den Figuren des Hl. Josef und des Schutzengels aus dem Altarraum – anlässlich der berühmten Kastelruther Prozessionen auf den Schultern von Kastelruther Jungfrauen bzw. -männern durch das Dorf getragen werden.

Die Kirche

Schriftliche Erwähnung fand die Kirche erstmals im Jahre 1189/90 – dann tauchte sie erst im Jahre 1408 wieder auf; laut Chronik wurde damals die schlichte Kirche durch einen neuen, gotischen Bau ersetzt. Erst 1753, als das große Feuer im Dorfkern wütete und unter anderem auch den alten Kirchturm irreparabel beschädigte, wurde der Grundstein gelegt für den Bau des neuen Gotteshauses.

Zur endgültigen Ausführung des Bauvorhabens kam es allerdings erst Anfang des 19. Jahrhunderts und man entschied sich – trotz der enormen dafür veranschlagten Kosten – für den ungewöhnlich großen Bau, damit auch wirklich alle Gläubigen der großen und stolzen Gemeinde ihre Gottesdienste im angemessenen Rahmen begehen konnten (böse Zungen behaupten zwar, dass der Kirchenneubau im benachbarten Lajen den letzten Anstoß gab – wollten doch die Kastelruther nicht »minder« sein als die Lajener...). Dreieinhalb Jahre lang wurde gebaut und unter Zuhilfenahme aller verfügbaren Kräfte gearbeitet, bis endlich im Jahre 1849 die neue Kirche ein-

geweiht werden konnte: Der Entwurf stammt vom Klassizisten Mutschlechner, der den 53,4 m langen, 22,5 m breiten und 16 m hohen Kirchenraum mittels vier wuchtiger Pfeiler in drei hohe, helle und luftige Schiffe unterteilte. Der Kirchenbau wurde fast völlig neu eingerichtet – von der alten Kirche wurden nur der Taufstein, eine Pietà (ca. 1.700) und die barocken Seitenstatuen des Hochaltars übernommen. Die letzte große Außenrenovierung erfuhr die Kirche im Jahre 1991, während acht Jahre später, anlässlich des 150-Jahre-Jubiläums im Jahre 1999, auch ihr Innenraum gründlich renoviert und neu gestaltet wurde. Er präsentiert sich den Gläubigen nun – mit dem neuen, klar und sachlich gestalteten Volksaltar und den wiederhergestellten Dekorationen – in einem würdigen und feierlichen Aussehen.

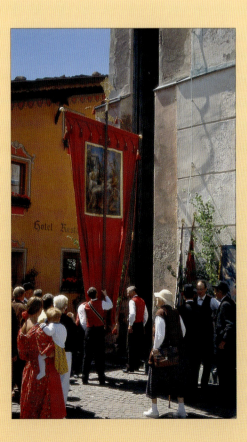

• Kastelruth gegen Geisler aus der Luft

DAS GOTTESHAUS

DAS KIRCHENINNERE

Die beeindruckende, grandiose Wirkung, welche der Innenraum der Kastelruther Pfarrkirche unweigerlich auf den Besucher ausübt, wurzelt nicht zuletzt in den zahlreichen Fresken und Malereien, mit denen die Wandflächen verziert sind. Sie alle entstanden anlässlich des Kirchenneubaus unter den Händen des Innsbruckers J. Ranter, des Kirchbergers (Tirol) Lackner und des Bayern Max Vogt (1849). Nicht zuletzt jedoch waren auch die in Kastelruth beheimateten Künstler Eduard Burgauner (1873–1913) und J. Stolz massgeblich an der Ausschmückung des Kircheninnenraums beteiligt.
Anlässlich der gründlichen Renovierung des Kirchenbaues wurde auch der Innenraum modernisiert und den neuen Bedürfnissen der Kirchengemeinde angepasst, was vor allem im Altarbereich deutlich zum Ausdruck kommt. Gleichzeitig wurden die bestehenden Malereien gereinigt und aufgefrischt und die bis dahin schmucklosen, klassizistisch-kühlen Säulen durch ornamentale Motive verziert. Somit erhielten die drei Kirchenschiffe eine neue, wärmere Atmosphäre, was den viel besuchten Gottesdiensten durchaus zuträglich ist.

• Innenansicht der Kastelruther Kirche

Malerisches Kastelruth

Seinen künstlerischen und sehr persönlichen Beitrag zum ganz einzigartigen und unverwechselbaren Bild des Kastelruther Dorfkerns hat der bekannte und hier beheimatete Bäckersohn Eduard Burgauner (1873–1913) geleistet; der »studierte« akademische Maler, ausgebildet in Innsbruck, Wien und München, hatte seit jungen Jahren einen Traum, an dessen Verwirklichung er sich unverzüglich nach seiner Rückkehr aus dem Ausland machte: Sein geliebtes Heimatdorf sollte sich unter seinen Händen in ein einziges, großes Gesamtkunstwerk verwandeln. Den Anfang seines Werkes machte die väterliche Bäckerei, anschließend verschönerte er die kleine Villa »Felseck«, die er für sich und seine Familie hatte bauen lassen und als nächstes das »Mendelhaus«; zuletzt, 1907, gestaltete er die Fassade des Gasthofs »Zum Wolf«. Bezeichnend für das Wesen des Künstlers ist das Motto, das er unter dem Dach des Gasthofes und so quasi über seinem Gesamtwerk verewigte: »Schaffen und Streben ist Gottes Gebot, Arbeit ist Leben, Nichtstun der Tod«.

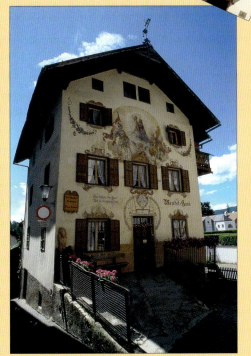

• Das Mendelhaus

Trotz seines großen Fleißes gelang es dem Künstler nicht, das monumentale Werk an bzw. in seinem Heimatdorf zu vollenden: Er starb, kurz nach seinem vierzigsten Geburtstag, an einer banalen Magenverstimmung. In seinem großen und doch unvollendeten Werk allerdings hat er sich ein Denkmal gesetzt, das jedem Besucher unmittelbar ins Auge springt und als Fotomotiv ungezählte Male in vielen europäischen, amerikanischen und japanischen Fotoalben verewigt ist.

• links: Frohnleichnamsprozession in den Gassen von Kastelruth   • oben: die Kofelgasse

---

DER LÜFTLMALER

Auf die Frage, warum er nicht in die Stadt ziehe, um der künstlerischen Welt und ihren Entwicklungen näher zu sein, antwortete der Künstler: »Ich bleibe hier, denn ich will nichts sein als ein Tuifelemaler«. Zwar steckt in diesem Ausdruck, den der Künstler wählte, eine gewisse Geringschätzung seiner eigenen Arbeit – vielleicht ahnte oder fürchtete er einen Widerspruch in dem, was er einerseits schuf und dem, was er andererseits während seiner künstlerischen Lehrzeit gesehen und erlebt hatte. Aber er wollte in Kastelruth bleiben und er wollte hier schaffen: Nebenbei und um sich das täglich Brot zu verdienen schuf er Schießscheiben, Votivtafeln, Friedhofsbilder und andere Auftragsarbeiten, von denen nur wenige erhalten sind. Nicht zuletzt gerät über den vom ihm gestalteten Hausfassaden gern in Vergessenheit, dass er den schönen »Laurinzyklus« im Eingangsbereich der »Villa Hermes« gestaltete, weiters die Kofelkapelle/n und schlussendlich auch massgeblich an der Ausschmückung des Kircheninnenraums beteiligt war.

Eduard Burgauner

• Haus Felseck

MALERISCHES KASTELRUTH

Es versteht sich eigentlich von selbst, dass auf dieser Hochfläche keine großartigen Kunstdenkmäler im herkömmlichen Sinne zu finden sind; zwar hat einerseits die bäuerliche Bevölkerung seit jeher einen ausgeprägten, jedoch naturgemäß schlichten Sinn für Schönheit, andererseits fehlten aber immer sowohl die Zeit als auch die Mittel und nicht zuletzt das größere Verständnis für die »brotlosen« Künste.

Die hauptsächlichen Auftraggeber für Kunstwerke auf der Kastelruther Hochfläche waren in erster Linie die Kirche (deren Reichtum bzw. Armut natürlich stets im Verhältnis zu jener des Volkes stand), zweitens der Adel – wohlhabend zwar, aber nicht reich – und nicht zuletzt die Bauern selbst. Romanische und somit die ältesten Kunststilelemente zeigen sich auf der Schlernhochfläche mehr oder minder deutlich und gut erhalten an den Kirchen in Pufels, St. Oswald, St. Valentin und nicht zuletzt am Kofel; auch die Gotik hat ihre Spuren hinterlassen – besonders im letzten Viertel des 15. Jahrhunderts führten verhältnismäßig großer Wohlstand und in hoher Blüte stehendes Kunsthandwerk zu einer nie da gewesenen Bautätigkeit. Beinahe alle Kirchen wurden in spätgotischer Zeit vergrößert, umgebaut und eingewölbt; auch an den Burgen des Schlerngebietes hinterließ der gotische Stil deutliche Spuren. Nur allmählich werden die spätgotischen Formen von modischen Renaissanceelementen abgelöst. In der Architektur zeigen die adeligen Ansitze Ober- und Unterpray sowie Lafay den fließenden Übergang zwischen diesen beiden Kunstformen.

Der Barock nicht zuletzt findet in Kastelruth seinen wohl gelungensten Ausdruck im Taufbecken in der Pfarrkirche, aber auch die Kreuzweganlage am Kofel stellt ein bedeutendes Zeugnis barocker Frömmigkeit in Kastelruth dar. Das gewichtigste Bauwerk dieser Stilepoche allerdings stellt der Kastelruther Kirchturm dar, der noch heute dem Dorf mit seinen wuchtigen Ausmaßen und der charakteristischen Zwiebelkuppel seinen unverwechselbaren Anstrich verleiht.

AUS BLANKER NOT

entstand einst im benachbarten Grödnertal die inzwischen weltweit berühmte Kunst des Holzschnitzens: Während der kalten, dunklen Wintermonate vertrieben sich die Bauern durch die Herstellung schlichter Holzfiguren die Zeit – und verdienten sich damit ein wenn auch geringes Zubrot. Mittlerweile hat sich das einst kleine Nebengewerbe der Bauern zu einem regelrechten Industriezweig entwickelt – die kunstvoll geschnitzten Figuren sind sehr begehrte Mitbringsel und werden in alle Welt exportiert. Bedingt durch die unmittelbare Nähe zur Heimat der Holzschnitzerei, dem Grödner Tal und durch die Tatsache, dass ein guter Teil eben dieses Tales zur Gemeinde Kastelruth gehört, hat sich dieses Kunstgewerbe auch in Kastelruth ein kräftiges Standbein geschaffen und gehört hier mittlerweile ebenso sehr zum dörflichen Leben und Alltag wie im Nachbartal.

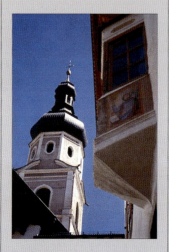

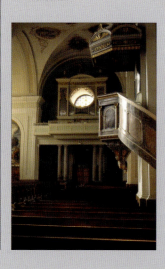

• Geburtshaus des Malers Eduard Burgauner

KASTELRUTH

• Kastelruther Dorfzentrum

• Bühlweggasse

DORFFÜHRUNGEN

Eine günstige Gelegenheit, das Dorf und seine Geschichte näher kennenzulernen, sind die geführten Dorfwanderungen: Unter sach- und fachkundiger Leitung wandeln Sie gemütlich auf den Spuren der Kastelruther Geschichte und erfahren, was die Römer und Eduard Burgauner dem Dorf hinterließen; hören, was es mit den kecken Sprüchen auf den Hausfassaden und den von Balkonen baumelnden Hexen auf sich hat – kurz: Die Geschichte, das Leben und das Wesen des Dorfes werden Ihnen im Zeitraffer erzählt und vorgestellt. Jede Wette, dass Sie das Dorf und die Landschaft danach mit anderen Augen sehen!

Auch an den Fassaden und in den Stuben der Bauernhöfe und Ansitze kommt das schlichte Kunstempfinden der Bevölkerung sehr schön zum Ausdruck. Deutliche Stilelemente der verschiedenen Kunstepochen finden sich allerorten: Besonders schöne Türeinfassungen der Spätgotik, steingerahmte, gemauerte Spitzbogentüren, die von der »Labe«, d. h. dem Hausgang in die seitlichen Räume führen, kunstvoll gezimmerte Stuben in Ecklagen mit anschließenden, tonnengewölbten Rauchküchen und natürlich Haustüren, Erker, Fenstergitter zeugen davon, dass die Kunst hier in den Bergen selten dem Selbstzweck dient oder zu dienen vermochte, sondern vor allem dem Wunsch der Bevölkerung, ihr Zuhause zu verschönern, entsprang. »Jahrhundertelang nahm künstlerisches Gestalten einen festen Platz im Leben der einzelnen und der Gemeinschaft ein. Das Kunsthandwerk (...) entsprach klar festgelegten Bedürfnissen, war stets eingegliedert ins tägliche Leben. Die erhaltenen Bauten, Skulpturen und Malereien sind daher nicht nur mehr oder weniger schön im landläufigen Sinne, sie halten aufgrund ihres vielfältigen Bezuges zwischen Künstler und Auftraggeber einen flüchtigen Zeitabschnitt menschlicher Geschichte fest und dokumentieren in ihrer Gesamtheit die künstlerische Entwicklung eines Gebietes« (H. Stampfer, »Kunst in Kastelruth«, Gemeindebuch).

Nicht zuletzt tragen die unscheinbaren Zeugnisse heimischen Kunsthandwerks zum unverwechselbaren Charakter des Dorfes und der Landschaft bei – ganz besonders deutlich wird die Wechselwirkung und das Ineinandergreifen aller, auch der bescheidensten künstlerischen Elemente in den Freiräumen und an den Fassaden des geschlossenen Dorfkerns mit den behäbigen alten Ansitzen und Gasthöfen, die sich um den hoch aufragenden Turm scharen.

• Die Kofelgasse mit Gemeindehaus und Turm

• Alte Ansicht von Kastelruth

BLUMENSCHMUCK

Vermessen, die in prächtigen Farben üppig blühenden Blumenkästen vor den Häusern als Kunst zu bezeichnen? Nun ja – Tatsache aber ist, dass sie während der warmen Monate bedeutend zur Verschönerung des Dorfes beitragen und aus dem Gesamtbild nicht wegzudenken sind. Wer Fenster und Balkone hat, hat auch Blumen davor – übrigens: Die roten »Huatnagelen«, der traditionelle Hutschmuck der Männertracht, wuchsen früher selbstverständlich vor jeder Haustür!

KASTELRUTH

Der Schlern ist im Hintergrund immer dabei, wenn anläßlich vielfältiger Gelegenheiten im Jahreslauf der »Kofel« oder Kalvarienberg zum stimmungsvollen Rahmen wird für Veranstaltungen der verschiedensten Art: Zu Ostern, wenn die Stationen des Kreuzwegs herausgeputzt und mit bunten Öllichtern geschmückt werden, zu Weihnachten, wenn die Schwestern des Klarissen-Klosters in einem Wurzelstock ihre schöne Krippe aufbauen,

KASTELRUTH

beim »Oswald-von-Wolkenstein-Ritt« im Frühjahr und an milden Hochsommerabenden, wenn Einheimische und Gäste sich am Kofel treffen, um in guter Gesellschaft das Leben zu genießen.

• Typisches Souvenir vom Schlerngebiet

KASTELRUTH GEGEN SCHLERN

Zahlreich sind die Blickwinkel, aus denen Kastelruth ein reizvolles Bild bietet. Eine der hübschesten Dorf-Ansichten aber ist jene, die sich vom Kalvarienberg aus – im Volksmund besser unter »Kofel« bekannt – präsentiert. Dieser Kofel ist für die Dorfgeschichte von größter Bedeutung – heute ist der ehemalige Schlossberg ein Park, allerdings und zum Glücke seiner kleinen und großen Besucher einer ohne jegliches »Rasen-Betreten-Verboten«-Schild. Wer die Mühe des zwar steilen, dafür aber sehr kurzen Anstiegs nicht scheut, wird zu jeder Jahreszeit reichlich belohnt: Ein traumhafter Ort der Ruhe und Abgeschiedenheit mitten im Dorf für die Großen, ein grandioser Abenteuerspielplatz für die Kleinen – wobei 1. die Beschaffenheit der Anlage und 2. die Großzügigkeit des Geländes es zulassen, dass sowohl die Einen als auch die Anderen, – und zwar gleichzeitig – auf ihre Kosten kommen.

GASSEN UND HÄUSER

DAS KRAUSENWAPPEN

Das Wappen derer zu Kraus und Sala ziert heute ihr einstiges Stammhaus, das noch immer das wichtigste Haus im Dorf, nämlich das Rathaus, ist. Das Familienwappen stellt ein vierteiliges Schild mit einem Bogenschützen, Lanzen und weiß-roten Fahnen dar, über dem Schild stehen zwei Turnierhelme.

Das Zentrum

Alles hat sich geändert, und doch ist nichts anders geworden an diesem schönen, alten Platz, in diesen schönen, alten Gassen. Wie seit eh und je pulsiert hier das Leben, wird aus dem Brunnen mit Messingkrügen Wasser geschöpft und Durst gelöscht, hastet der Eine, schlendert der Andere, und: Man sieht sich, man trifft sich, man grüßt einander. Schöne Geschäfte laden ein zum Bummeln, Cafés und Gasthäuser zum vormittäglichen »Kaffee« oder »Glasl«, je nachdem, die Turmuhr schlägt die Stunden und manchmal, an Sonn- und hohen kirchlichen Festtagen, läuten die Glocken, allzu selten nur »die Große«, ihre machtvolle Melodie... Im Sommer sind die Gassen schattig und kühl, im Winter schneebedeckt, im Herbst pfeift der Wind hindurch und im Frühjahr plätschern die Dachtraufen ein fröhliches Lied...

•Der Krausplatz mit Raiffeisenhaus und Gemeindehaus

28

GASSEN UND HÄUSER

• Dorfzentrum gegen Rössluirt

Als Juwel unter den Kirchplätzen Südtirols wurde der Kastelruther »Plotz«, wie er im Volksmund schlicht und einfach genannt wird, schon des öfteren bezeichnet und zwar aus durchaus kompetentem Munde... Offiziell nennt der Platz sich »Krausenplatz« – als Erinnerung an und zur Ehre für die Familie, die ihn gewissermaßen schuf und ihm sein einzigartiges Aussehen verlieh. Die Tatsache, dass Kirche und Glockenturm hier getrennt voneinander dastehen, verleiht dem Platz einen einzigartigen, beinahe mediterran anmutenden Charme, und der großzügigen Weite und Luftigkeit des Platzes tun die behäbigen, zinnenbewehrten »Krausenhäuser« und die schönen alten Gasthäuser, die ihn einfrieden, keinen Abbruch – im Gegenteil: Sie bilden einen schönen Kontrast dazu. Übrigens ist die für den nördlichen Raum ungewöhnliche Trennung von Kirche und Glockenturm auf den Kirchen- bzw. Turmneubau nach dem großen Brand zurückzuführen – die Ausmaße des Turms und späterer der Kirche ließen nicht zu, dass beides traditionsgemäß als Einheit wieder errichtet wurde. Mit einiger Sicherheit ist diese Lösung auf südliche stilistische Einflüsse zurückzuführen.

Am Kirchplatz konzentrieren sich natürlich sämtliche für das Dorfleben unerlässlichen »Institutionen«: Das Rathaus samt Bürgermeister, die Bank, ein paar Gasthäuser, der Brunnen und natürlich die Kirche. Nicht zuletzt fungiert der Dorfplatz auch als »gute Stube« der Kastelruther und wird zu Repräsentations-, Werbe- und Veranstaltungszwecken mit Vorliebe »gebucht«: Hier begrüßten die »Kastelruther Spatzen« zusammen mit ihren Fans das neue Jahrtausend, hier drehten namhafte Werbefilmer publikumswirksame Spots für weltbekannte Waren und nicht zuletzt wurde und wird nach wie vor so gut wie jede Persönlichkeit von Rang und Namen, die im Schlerngebiet weilt, an diesem schönen Platz begrüßt und geehrt.

DIE SCHÖNE TRADITION

kunstvoll und aufwändig gestalteter Wirtshausschilder findet sich selbstverständlich auch in Kastelruth: Besonders jenes vom Hotel »Zum Wolf« ist ein einmalig wertvolles Stück und wurde erst kürzlich als eines der schönsten Wirtshausschilder Südtirols prämiert. Gasthäuser jüngeren Datums knüpfen seit einigen Jahren wieder an diese schöne Tradition an und lassen sich neue Schilder fertigen oder schmieden.

• Festumzug in Kastelruth

• Einkaufsstrasse im Zentrum von Kastelruth

• Bogendurchgang mit Krausplatz

GASSEN UND HÄUSER

FAHNENSTOLZ
Bei jeder sich bietenden Gelegenheit, besonders aber an traditionellen Feiertagen kirchlichen oder weltlichen Ursprungs flattert die rot-weiße Fahne der Südtiroler an zahlreichen Hausgiebeln.

Die Gasthaus- und kulinarische Tradition wird in Kastelruth ebenso hoch gehalten wie andere Traditionen auch. Wie jedes Dorf, das auf sich hält, besitzt Kastelruth im historischen Ortszentrum einige alteingesessene, traditionsreiche »Gasthäuser«, die sich mit Fug und Recht als solche bezeichnen dürfen, und dazu eine Vielzahl moderner Restaurants und Einkehrmöglichkeiten für jeden Geschmack und jede Tageszeit. Zahlreiche Gelegenheiten bieten sich im Jahreslauf, in den gemütlichen Räumlichkeiten der Wirtshäuser oder auf deren sonnigen Terrassen Einkehr zu halten und zu genießen, was die lokale (und natürlich die internationale...) Küche an Feinem und Feinstem zu bieten hat. Besonders die Spezialitätenwochen (darunter finden sich exklusive »Krausen«- ebenso wie »zugewanderte« Fischwochen) sind Einheimischen und Gästen willkommene Gelegenheiten, sich kulinarischen Freuden hinzugeben und zu probieren, was der Gaumen vielleicht so schnell nicht wieder zu kosten kriegt...

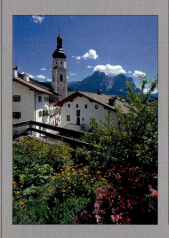

• Oswald-von-Wolkenstein-Strasse

• Kastelruther Frauen in Tracht

• Die Dorfgassen bei Nacht

GASSEN UND HÄUSER

Kein Zweifel: Die Kastelruther Musikkapelle kann sich ebenso gut sehen wie hören lassen – bei einer Musikkapelle echten »Tiroler« Zuschnitts ist das Eine nicht weniger wichtig als das Andere. Wann und wo immer Musik am Platze ist – wann wäre sie das im übrigen nicht?! – ist die Kapelle mit ihren schmucken Mannen dabei. Das war schon immer so, um genau zu sein, seit 1796, als die Kapelle »offiziell« gegründet wurde; sie zählt somit zu den ältesten und traditionsreichsten Blasmusikkapellen Südtirols. Seit ihrer Gründung war sie bei allen wichtigen Ereignissen in der Geschichte der Gemeinde Kastelruth zugegen – und selbstverständlich ist sie das heute noch: Kein Fest, keine Parade, keine Veranstaltung – und seien diese noch so klein oder noch so groß – bei dem die Musikanten in ihrer wertvollen historischen Tracht nicht dabei wären – sogar im nahen und fernen Ausland sind ihre Auftritte sehr gefragt und werden begeistert beklatscht und bejubelt.

• Kofelgasse

MUSIKANTEN

In der noch heute von den Kastelruthern Musikanten getragenen Tracht haben wir das typische Bild einer adeligen Hochzeitstracht vor uns. Das kreuzweise gestreifte »Leibl« (Wams) und die schweinsledernen, weißen Halbschuhe finden sich in keiner anderen Südtiroler Musiktracht, und was das »Kreas« (die weiße, stark gefältelte Halskrause) anbelangt, findet sich ein solches nur noch in Gufidaun und in Mauls, auch in diesen beiden Fällen vom seinerzeitigen Adel der örtlichen Burgen ausgehend. Schön auch die grünen Hüte mit gelben Bändern und den Pfauenfedern.

• Kastelruther Turm gegen Schlern

Bezeichnend sowohl für das Wesen als auch für das Selbstverständnis der Kastelruther – und wohl auch aller anderen Südtiroler Musikkapellen – sind die Nachkriegsjahre, als die neuen Machthaber nicht nur in Kastelruth die Auflösung sämtlicher Musikkapellen verfügten. Sofort wurden daraufhin zwar sämtliche Trachten versteckt, um sie vor der Beschlagnahmung seitens der Faschisten zu retten – das Musizieren allerdings ließen sich die Musikanten auch von allerhöchster Seite nicht verbieten.

DER DORFBRUNNEN

Heutzutage, wo in jedem Haus frisches Wasser in großen Mengen vorhanden ist, ist die ursprüngliche, lebenswichtige Funktion des Dorfbrunnens selbstverständlich nicht mehr gegeben – nichtsdestotrotz spendet er auch heute noch das kostbare, kühle Nass. Natürlich wäre der Dorfplatz nur halb so charmant, wäre da nicht das fröhliche, ununterbrochene Plätschern und Murmeln des Wassers in dem großen, steinernen Trog...

• Musikanten aus Kastelruth

• Einkaufszentrum

• Alte Bauernstube in St. Michael

GEGENSTÄNDE

Es gab eine Zeit, in der der traditionelle bäuerliche Haus- und Zierrat zuhauf im Feuer oder auf dem Sperrmüll landete und nichtssagendem, modernem Ersatz zum Opfer fiel. Diese Zeiten sind vorbei und heute erfahren diese Gegenstände wieder die Wertschätzung, die ihnen zusteht, wenn diese auch, in den meisten Fällen, nicht mehr ihre eigentlichen Aufgaben erfüllen, sondern vielmehr als unersetzliche Bestandteile des harmonischen Ganzen betrachtet werden.

• St.-Anna-Kirchlein

Die Umgebung

Es ist ganz und gar unerheblich, aus welcher Richtung oder welchem Blickwinkel Sie das Dorf Kastelruth und seine Umgebung auch betrachten mögen: Immer und in jedem Falle präsentiert sich Ihnen das schöne Bild einer geliebten Kulturlandschaft. Sanfte Wiesen, die bis zu drei Mal im Jahr gemäht werden und deren Grenzen von lockerem Staudenwerk markiert werden; Mauerwerk aus mühsam zusammengetragenen Steinen, das an abschüssigen Hängen kleine, bebaubare Terrassen schafft; grob gepflasterte Wege, in

denen tiefe Fahrrillen vom harten Leben unserer Ahnen erzählen... Ihre Hände, ihr Mut, ihre Ausdauer und nicht zuletzt ihre Heimatliebe haben dieses herrliche Stück Land mitgestaltet und in gewissem Sinne erschaffen – was wir heute sehen ist schlussendlich das gelungene Ergebnis der über viele Jahrhunderte gewachsenen Erfahrung und des verinnerlichten Wissens um die Kräfte und Eigenheiten der Natur.

• Ansicht von Kastelruth gegen Kofel, links unten das Dörflein Tisens

DIE UMGEBUNG

• Kreuzgang am Kofel

Ohne dass wir hier der Seiser Alm ihren Ruf als vorzügliches Wanderparadies streitig machen wollten, muss doch gesagt werden, dass auch »im Tale«, d. h. rund um Kastelruth, Seis und Völs eine Vielzahl von höchst reizvollen Wander- und Spazierwegen nur darauf wartet, entdeckt zu werden: Bietet die Seiser Alm in erster Linie Naturschönheiten vor herrlichem Dolomitenpanorama, so sind es im Mittelgebirge die vielfältigen Sehenswürdigkeiten »aus Menschenhand«, die jeder Wanderung durch die abwechslungsreiche Wald-, Wiesen- und Kulturlandschaft des Mittelgebirges zusätzlichen Reiz verleihen.

BALKONBLUMEN

Dem aufmerksamen Beobachter wird nicht entgehen, dass Balkone, wie sie heute an keinem Hause fehlen, eigentlich gar nicht zur ortsüblichen Architektur gehören. Andererseits wiederum ist es gerade der schöne Blumenschmuck an den sommerlichen Balkonen, der das Gesamtbild des Dorfes entscheidend prägt und ihm seinen unverwechselbaren Stempel aufdrückt.

• Ansitz Lafay im Frühling

• Schwimmbad Telfen

DAS HERZ

eines jeden Hauses ist die »Stube«, in der sich alles Leben um den warmen Ofen konzentriert. Lage, Anordnung und grundsätzliche Ausstattung sind im Prinzip überall dieselben – Ofen samt Ofenbank, »Hölle« und »Ofenbrücke«, Ecktisch und die meist sämtliche Wände umlaufende Bank tragen überall denselben Funktionen Rechnung. Unterschiede zeigen sich meist nur in der mehr oder minder aufwändigen Ausführung sowie der Größe des Raumes – Standesunterschiede und wirtschaftliche Überlegenheit wurden u. a. hier zum Ausdruck gebracht.

• Bauernstube beim Pliegerhof

Die Frohnleichnamsprozession

Im Gegensatz zu vielen anderen Ortschaften, in denen das bäuerliche Gewand falsch verstandenem Modebewusstsein zum Opfer fiel und zuweilen restlos von der Bildfläche verschwand, konnten sich im Schlerngebiet die bäuerlichen Alltags- und Festtagskleider stets und allen Widrigkeiten zum Trotz behaupten. Der klingende Name, den Kastelruth bis ins fernste Ausland genießt, ist nicht zuletzt der selten schönen Farben- und Formenvielfalt seiner Trachten zu verdanken: Alljährlich finden immer wieder zahllose Besucher aus Nah und Fern ihren Weg hierher, um die angestammten und über viele Generationen vererbten Trachten der Bevölkerung zu bewundern.

Bei all dieser stolz zur Schau getragenen Pracht ist denn auch in höchstem Maße irrelevant, dass ursprünglich die Tracht der Landbevölkerung eigentlich nichts anderes war als eine verspätete, stets billigere Nachahmung der Kleidung des Adels und der vornehmen Stadtbevölkerung: »Der Bauer liebte überall und zu allen Zeiten etwas Prunk mit unechtem Glanz und versuchte stets, mit den geringen ihm zur Verfügung stehenden Mitteln den Edelmann nachzuahmen« (H. Fink)

RELIGIÖSE FESTLICHKEITEN

nehmen im Bewusstsein der Bevölkerung nach wie vor einen hohen Stellenwert ein: Anlässlich der großen, kirchlichen Feiertage werden demzufolge die schönen Trachten aus Truhen und Schränken geholt und der ganze Prunk, dessen die Bevölkerung mächtig ist, entfaltet – ein Schauspiel, das alljährlich Hunderte Schaulustiger aus Nah und Fern anzieht. Besonders am »Heilig-Bluts-Tag«, wie Fronleichnam auch genannt wird, und zu Erntedank zeigen sich Kirche, Dorf und Volk in ihrer ganzen, stolzen Pracht und nichts bleibt unversucht, sich und sein Dorf im bestmöglichen Licht zu präsentieren: Da werden »die größten Glocken des Landes geläutet, die schwersten Fahnen umgetragen und noch einiges gezeigt, was andere neidische Dörfer nicht zu haben angeben« (so schrieb einst ein Kenner des Landes zum Thema). Selbstverständlich war und ist dieser in keinster Weise der vorrangige Zweck der Prozessionen – doch hat letzterer die Bevölkerung zu keiner Zeit daran gehindert, die Bitt-Umgänge auch zu nutzen, um »herzuzeigen, wer man ist und was man hat«.

• links: Frohnleichnamsprozession am Hauptplatz, im Hintergrund das Raiffeisengebäude • Die Musikkapelle von Kastelruth

DIE TRACHTEN

DORFANSICHT GEGEN WOLFWIRT UND TURM

Die prächtigen Fahnen, die während der Prozessionen umgetragen werden, sind ebenso fester wie unverzichtbarer Bestandteil der Kastelruther Umgänge. Manche der Fahnen sind so groß, dass zuweilen die üblicherweise vier damit beschäftigten kräftigen Männerarme nicht ausrei-

chen, um sie zu tragen. Manche der Banner sind ebenso alt wie kostbar, insgesamt aber sind sie stets aufwändig und aus kostbaren Stoffen gearbeitet, mit schönen Borten und Quasten verziert und tragen in ihrem Mittelpunkt zumeist das Bildnis des Patrons, den sich Träger und Gefolgschaft gewählt haben oder dessen Schutz sie sich seit jeher anvertrauen.

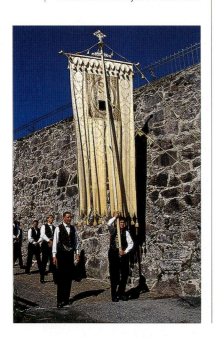

Nicht nur an der Kleidung lässt sich unmittelbar erkennen, welchem Stand die betreffende Person zuzuordnen ist: Vor allem Frauen zeigten der Welt und den Burschen, ob sie noch zu haben oder schon in festen Händen waren – nämlich an der Art und Weise, wie sie ihr Haar trugen. Ledige wanden ihre Zöpfe und ein schwarzes Samtband ausschließlich als »Gretlfrisur«

DIE TRACHTEN

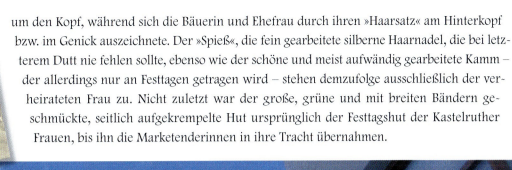

um den Kopf, während sich die Bäuerin und Ehefrau durch ihren »Haarsatz« am Hinterkopf bzw. im Genick auszeichnete. Der »Spieß«, die fein gearbeitete silberne Haarnadel, die bei letzterem Dutt nie fehlen sollte, ebenso wie der schöne und meist aufwändig gearbeitete Kamm – der allerdings nur an Festtagen getragen wird – stehen demzufolge ausschließlich der verheirateten Frau zu. Nicht zuletzt war der große, grüne und mit breiten Bändern geschmückte, seitlich aufgekrempelte Hut ursprünglich der Festtagshut der Kastelruther Frauen, bis ihn die Marketenderinnen in ihre Tracht übernahmen.

DIE TRACHTEN

• Kastelruther Musikant

ALLTAGSGEWAND

Gegen Ende des 17. Jahrhunderts trat die lange Hose ihren modischen Siegeszug in Europa an und verdrängte allmählich die bis dahin übliche Kniebundhose schlussendlich auch im

• Fähnrich der Musikkapelle Seis

Schlerngebiet. Hier schuf man sich nun das bequeme und stets passende »lodene Gewand«. Als Farbtupfer in der neuen, vergleichsweise schlichten und farblosen Kleidung diente das buntseidene Halstuch. Die Frauen tragen im Alltag einen knapp knöchellangen Rock aus demselben Lodenstoff, der von der heute mehrheitlich schlichten blauen Schürze geschützt wird. Bemerkenswertes Detail ist die »Kittlwurst«, ein Stoffwulst um den Bund, der zwar heutigen Schönheitsidealen nicht mehr unbedingt entspricht, jedoch unerlässlicher Bestandteil eines jeden Kastelruther Kittels ist.

Kaiser Karl der Große (ca. 800 n. Chr.) hatte seinen bäuerlichen Untertanen noch per Gesetz einen schlichten grauen Lodenrock und rindslederne Stiefel verordnet. Doch schon ca. drei Jahrhunderte später hatte sich das Landvolk von diesem Erlass emanzipiert und damit begonnen, sich bunter und schöner zu kleiden.

Um 1540 begann sich der modische Einfluss der reich gewordenen Spanier in ganz Europa bemerkbar zu machen und durchzusetzen. Doch noch sollte es etwa 50 Jahre dauern, bis auch die Landbevölkerung ihre heftige Gegenwehr gegen den fremdländischen Einfluss aufgab und sich nicht mehr scheute, sowohl buntere als auch auffallender geschneiderte Kleidung zu tragen. In diese Zeit fällt beispielsweise der Ursprung des grellroten »Leibls« der Männer, die Kniebundhose mit der Falltür und der flache Halbschuh. Auch der breite, lederne Bauchgurt entstand zu jener Zeit – je nach Wohlstand (oder Prunksucht...) seines Trägers war er ursprünglich mit Figuren, Blumen, Symbolen, Sprüchen, Jahreszahlen und Namen aus Blei- oder Messingnieten geschmückt. Die heute übliche Federkielstickerei kam erst nach 1800 in Mode.

• Prozessionsumzug

DIE TRACHTEN

Das Festgewand der einfachen Bevölkerung ähnelte zwar seinem Vorbild, fiel indes aber weit bescheidener aus – sowohl in der Ausführung als auch im Material: So fehlten das »Kreas« (die reich gefältelte, weiße Halskrause), die teuren Schuhe, der federngeschmückte Hut und das auffallende Leibl, war das verarbeitete Tuch gröber, der Bauchgurt schmaler und nicht zuletzt der Hut kleiner.

Im Laufe der Zeit erfuhr die Kleidung der Landbevölkerung naturgemäß modische Änderungen und Anpassungen – was wir heute als Tracht erleben, ist das Ergebnis der Mode vieler Jahrhunderte, wie sie von den Bauern interpretiert und im Rahmen ihrer Möglichkeiten übernommen wurde. Im Grunde war es damals wie heute immer auch eine Frage des Geldbeutels und des Standesdünkels, ob man sich mit schlichterer Kleidung begnügen musste oder sich eine aufwändigere leisten konnte.

• Kopfschmuck

• Kastelruther Jungfrauen in Tracht

39

DIE TRACHTEN

DIE KASTELRUTHER TRACHTEN

Vor allem die Kastelruther Trachten werden noch heute nach den strengen Richtlinien der Überlieferung nicht nur geschneidert, sondern auch getragen. Je nach Ausführung wird mittels der Kleidung deutlich gemacht und signalisiert, welchem Stand ihr Träger bzw. ihre Trägerin angehören: So ist es zum Beispiel den Mädchen vorbehalten, Schleifen,

Kettchen und anderes auffallendes Glitzerwerk zu tragen, während die weiße Schürze die Jungfräulichkeit der Trägerin symbolisiert. In ihrer Gesamtheit aber kennzeichnen sich die vielen Trachten der Kastelruther durch ihre auffallende Liebe zum Detail, die sorgsame Farbabstimmung und die zeitlose Eleganz, die zusammengenommen ihre einzigartige Schönheit ausmachen.

• Marketenderinnen der Musikkapelle Kastelruth

• Schützeneinzug in Kastelruth

Der Geschichtsschreiber Beda Weber schrieb 1838 in seinem Handbuch für Reisende über die Kastelruther: »Die Bevölkerung von Kastelrutt ist altrömischen Ursprungs, wie die ehemalige Sprache der Gegend, der Körperbau des Volkes und sein fester Römersinn beweisen. Die Bauern von Kastelruth haben den ganzen Römerstolz des Cincinnatus und Kurius in seiner vollen Reinheit aufbewahrt. Die Scholle des Vatergutes mit dem angeerbten Salzfasse ist ihr höchstes Lebensglück. Die Männer sind sämmtliche Muster plastischer Schönheit, voll Kraft und Unabhängigkeitsgefühl, bieder und wahr in ihrem innersten Kern. Die Weiber sind, um mit Oswald ihrem Landsmanne zu reden, weiblicher als irgend anderswo, keine Schönheiten von Haus aus, aber voll Glut und Wärme, dabei keusch und redlich, häuslich und schweigsam gegen den Grundzug ihres Geschlechtes, Mütter im edelsten Sinne des Wortes. Beide Geschlechter kleiden sich sehr reinlich, an Festtagen sogar kostspielig und hängen ihr Gelt lieber an ihre Person, als an den Besuch des Wirtshauses.«

DIE TRACHTEN

• Fahnenträger

• Trachtenhalstuch

• Carabiniere in Festtagstracht

Zum Kastelruther Trachtenwesen schreibt der Südtiroler Volkskundler Hans Fink: »Obzwar der Südtiroler Gast an Wochentagen von einer Tracht herzlich wenig zu sehen bekommt, darf sich das Schlerngebiet doch rühmen, diesbezüglich etwas zu bieten. Unsere Vorfahren gebrauchten den Spruch ´Die schönste Tracht ist selbstgemacht´. Dabei weinten sie jedem absterbenden Trachtenstück nach, dass die Kleidung der Menschen seit eh und je dauernd Veränderungen ausgesetzt war und es immer sein wird.« Diese letzteren Worte von Hans Fink werden wohl ihre Richtigkeit haben und sollen hier auch nicht angezweifelt werden. Andererseits aber ist es wohl auch diesem mitunter gewiss halsstarrigen Festalten unserer Ahnen am Üblichen, am Gewohnten und am Überlieferten zu verdanken, dass die alten Trachten der Kastelruther heute noch in ihrer ganzen Reinheit und Schönheit bewundert werden können.

ichtträger bei der Frohnleichnamsprozession

Als Beweis dafür, dass die Kastelruther sehr wohl anpassungsfähig und Neuerungen gar nicht so sehr abgeneigt sind wie Hans Fink vermutet oder befürchtet, kann wohl unter anderem die Tatsache angeführt werden, dass seit mittlerweile vielen Jahren auch eine Abordnung der Carabinieri in ihrer »Tracht«, d.h. der schönen Paradeuniform, als »Begleitschutz« fester Bestandteil jeder Prozession ist. Selbst die Kleinsten haben ihre eigene Tracht und sind darin besonders hübsch anzusehen. Die Mädchen tragen heute meist Blumenkränze im Haar und das buntseitene Tuch am Rücken gefältet und über der Brust gekreuzt. Die Buben gehen noch ohne Kopfbedeckung und schmücken die Brusttasche ihrer Joppe mit dem weißen »Bischele«, einem zarten »Gesteck« aus Wachs- oder Kunstblumen.

• Prozessionsumzug am Dorfplatz von Kastelruth

LADINISCHE FRAKTIONEN

Der Name Pufels leitet sich vom älteren, ladinischen Bula ab, was meist mit »Ochsengebiet« gedeutet wird, aber auch mit »Schlucht« oder »Senke«. Übrigens heißt der Berg Puflatsch, an dessen grödenseitigen Hängen Pufels liegt, im Italienischen »Bulaccia«, was soviel wie »das hoch gelegene, das landwirtschaftliche schlechte Bula« bedeutet.

Über bzw. durch Pufels führte einst der kürzeste und einfachste Weg zur Seiser Alm; insofern war dem Dörflein sicher schon früh eine besondere Bedeutung zugefallen – ausgerechnet hier mussten nämlich einst und seit alters her die »Saltner« (Flurhüter) anlässlich des Pufler Kirchtags am Dreifaltigkeitssonntag auf die Seiser-Alm-Ordnung schwören. Zudem wurden an diesem Tag bis 1778 alljährlich Bauern und Bittgänger aus Gröden, Kastelruth, Steinegg und Gummer verköstigt: Das gekochte Fleisch eines eigens zu diesem Zwecke geschlachteten Stieres wurde samt Suppe und Brot natürlich kostenlos an das Volk verteilt. »Spentküche« hieß dieser Brauch, den Kaiserin Maria Theresia eben im Jahre 1778 höchstpersönlich verbieten ließ – es scheint, als hätte sich diese Tradition zu einer »Sucht, Feste zu feiern« ausgewachsen.

Pufels

Der alte Weg, auf dem einst die Kastelruther ihr Vieh über den Panidersattel und Pufels auf die Seiser Alm auftrieben, kann selbstverständlich auch heute noch begangen werden – es lohnt sich, sowohl unter panoramischen als auch unter naturkundlichen Aspekten. Wer mag, beginnt seine Wanderung am Puflatsch, folgt dem steilen »Schnürlsteig« hinab nach Pufels und wandert von dort auf dem mit »P« markierten Steig hinauf zum Panidersattel und weiter über St. Michael nach Kastelruth. Es ist dieser einer jener alten Wege, die heutzutage nur noch selten begangen werden und wohl aus diesem Grunde einerseits ein bisschen weniger »gepflegt«, andererseits aber gerade deshalb besonders reizvoll sind.

• links: Pufels gegen St. Ulrich   • oben: Ansicht von Pufels

DIE LADINISCHEN FRAKTIONEN

• Trachtenpaar

PUFLER TRACHT

Seit jeher fühlt sich die Pufler Bevölkerung mehr dem Grödnertal denn der Gemeinde Kastelruth zugehörig. Tatsächlich gehört das Dorf weder kulturell noch sprachlich und eigentlich auch räumlich nicht zu Kastelruth: Der Panidersattel bildet die räumliche und somit kulturelle Gren-

ze, das Ladinische die sprachliche. Am sichtbarsten bringt die Pufler Bevölkerung ihr Zugehörigkeitsgefühl in ihrer Tracht zum Ausdruck: Hier ist nämlich die Tracht der Grödner zuhause, die zwar in ihrer Pracht gar einiges gemeinsam hat mit jener der Kastelruther, sich aber andererseits deutlich von letzterer unterscheidet. Ist z. B. in Kastelruth das »Kreas«, jene charakteristische, reich gefältelte und blendendweiße Halskrause ausschließlich und eindeutig »Männersache«, hat es sich in Gröden die Frau als Mantelkragen angeeignet.

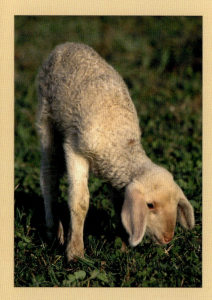

• Seiser-Alm-Weg oberhalb Pufels

• Weidende Schafe

Einem Schwalbennest gleich klebt das Dorf an dem Hang, der zum Grödner Tal hin atemberaubend steil abfällt, während in seinem Rücken die kargen Wände des Puflatsch schroff in die Höhe wachsen – angesichts dieser unzugänglichen Lage fällt es nicht schwer sich vorzustellen, wie beschwerlich das Leben hier noch vor kurzem gewesen sein mag. Andererseits hat diese Abgeschiedenheit sehr dazu beigetragen, dass Pufels noch heute durchwegs jene unverfälscht-ländliche und beschaulich-friedliche Idylle atmet und ausstrahlt, die einst so gut wie jedem Südtiroler Dorf eigen war, heute aber, mit wenigen Ausnahmen – zu denen zweifelsohne Pufels gehört – fast gänzlich aus dem Landschaftsbild verschwunden ist.

Unter architektonischen Aspekten hat Pufels etwas vom Wertvollsten der Gemeinde Kastelruth zu bieten: Der Hof »Spitzegg« gehört zu den äußerst seltenen Bauernhäusern mit hochmittelalterlichem Baubestand. Die aus der Bogenwand der Labe ausgeschnittenen Rundbogentüren und die an den Seiten aufgewölbte Stubendecke gehören dem 13., allenfalls dem frühen 14., Jahrhundert an. Äußerlich kennzeichnet sich diese frühe bäuerliche Architektur durch die Verbindung des massiv gemauerten Kellergeschosses mit dem vorragenden, gezimmerten Wohngeschoss.

• Gegen die Seceda und die Geislergruppe

DIE LADINISCHEN FRAKTIONEN

• Gegen St. Ulrich

Die Kirche von Pufels ist dem Hl. Leonhard, geweiht, was als weiterer Beleg dafür dienen mag, dass dem Dorf einst eine nicht geringe Bedeutung für die Viehwirtschaft zufiel. Das Kirchlein wurde erstmals 1295 in Ablassbriefen für die Pfarrkirche Kastelruth schriftlich erwähnt und war ursprünglich in romanischem Stile errichtet. Wie die meisten anderen Kirchen des Gebietes auch, wurde St. Leonhard in Pufels gegen Ende des 15. Jahrhunderts gotisiert und – anlässlich der Vorbereitung eines geistlichen Benefiziums – wohl auch vergrößert. Schon damals besaß übrigens Pufels einen eigenen Friedhof. 1919 wurde St. Leonhard als erster der Kastelruther Weiler zur Pfarre erhoben und von der Hauptkirche abgetrennt. Dafür mögen die relativ große Entfernung zur Hauptkirche, die schwer zugängliche Lage und nicht zuletzt die »fremde« ladinische Mundart der Bewohner ausschlaggebend gewesen sein.

DIE AUSSTATTUNG

und der künstlerische Wert der Kirche in Pufels entsprechen der einst relativ großen Armut des Dorfes: Nicht zuletzt zeigt der barocke Hochaltar, wie die Bevölkerung mit den bescheidenen, ihnen zur Verfügung stehenden Mitteln immer wieder versuchte, den Kirchenbau und dessen Ausstattung zu erneuern, zu verbessern und zu verschönern. Die unscheinbare künstlerische Ausstattung der Kirche zum Hl. Leonhard wird allerdings wettgemacht durch ihre atemberaubende Lage: Auf steilem Hange thront sie gleichermaßen über dem Grödnertal und schaut hinüber auf die hier unerreichbar fern erscheinende Raschötz.

• Pufels gegen die Seceda und die Geislergruppe

• Kirche mit Friedhof

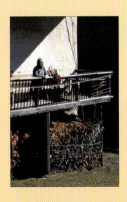

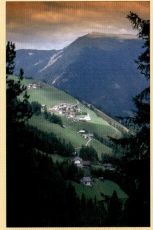
• Gegen Pufels und Raschötz

DIE LADINISCHEN FRAKTIONEN

Runggaditsch

Ganz und gar sind die drei ladinischen Fraktionen der Gemeinde Kastelruth – Pufels, Runggaditsch und Überwasser, wobei letztere von St. Ulrich nur durch den Grödner Bach, im übrigen sowieso die Grenze zwischen Kastelruth und St. Ulrich, getrennt ist – Teil der typischen Grödner Landschaft. Langkofel, Geisler und Sella schauen in jenen Teil von Kastelruth herein, der schon mitten ins grödnerische St. Ulrich reicht. Damit schließt sich für die Kastelruther Gemeinde eine gewaltige Runde, der fast alle für die Südtiroler Landschaft bestimmenden Dolomitengipfel angehören – eben vom Schlern bis hinüber zu den Geislerspitzen.

Auch Runggaditsch, dessen Kirche unterhalb der Verbindungsstraße Kastelruth–St. Ulrich liegt und das deshalb gern übersehen wird, liegt – wie Pufels – zwar innerhalb der Kastelruther Gemeindegrenzen, gehört aber sowohl räumlich wie sprachlich und nicht zuletzt kulturell dem Grödnertal an. Der kleine Weiler hat in jüngster Zeit bedeutende Strukturveränderungen erfahren – u. a. wurden hier zahlreiche kleinere Industriebetriebe angesiedelt – und ist, nicht zuletzt aufgrund der touristischen Entwicklung und Ausdehnung des benachbarten Grödner Hauptortes St. Ulrich – mittlerweile mit dem Grödner Hauptort verwachsen. Dass jedoch Runggaditsch nicht nur ein Vorort von St. Ulrich, sondern ein recht eigenständiges kleines Dorf ist, beweist weithin sichtbar der schmale Turm der Runggaditscher Kirche, die der Seelsorge Pufels angehört und jüngsten Datums ist; die kleine St.-Josefs-Kapelle, in deren unmittelbarer Nachbarschaft die neue Kirche errichtet wurde, konnte den seelsorgerischen Bedürfnissen der rasch wachsenden Runggaditscher Bevölkerung nicht mehr gerecht werden. Doch auch darüber hinaus ist das Leben der Bevölkerung recht selbst bestimmt: Abgesehen von der Kirche, verfügt der Weiler auch über Kindergarten, Schule, Feuerwehr – kurz, über alles, was ein rechtes und weitgehend autonomes Bergdorf ausmacht.

• Ansicht Runggaditsch gegen die Seiser Alm

• rechts: Runggaditsch gegen St. Ulrich und die Seceda

WEITE LANDSCHAFT

WANDERWEG

Der Weg Nr. 7 führt aussichtsreich und auf beschaulichem Pfad von Kastelruth über den Weiler Tiosels durch eine schöne Waldlandschaft an den Hängen des Puflatsch nach St. Michael. Von dort klettert der Steig einen steilen Wiesenabhang hinan zum Saxellerhof, von wo aus man einen herrlichen Rundblick genießt.

• Das Michaeler Kirchlein

ST. MICHAEL

Kurz unterhalb des alten Übergangs zum benachbarten Grödnertal, dem Panidersattel, liegt der hübsche Weiler St. Michael, ein Bilderbuchbeispiel der typischen Streusiedlung, die von der kleinen Kirche – und dem ihr gegenüberliegenden Gasthaus – zusammengehalten wird. Der Weiler, in dem übrigens als einem der wenigen in Südtirol noch eine Zwergschule besteht, fand schon früh Erwähnung in den schriftlichen Aufzeichnungen der Gemeinde Kastelruth: Als letztere noch das Landesgericht innehatte, standen viele der schönen Höfe von St. Michael in den Diensten ebendieses Gerichts und hatten im Rahmen derselben heute grausam anmutende Aufgaben zu erfüllen: So war es z. B. die verbriefte Pflicht des Mesnerbauers, den Aufgaben eines Gerichtsdieners nachzukommen und Gefangene in Verwahrung zu nehmen, wobei er letztere bei Bedarf auch zu züchtigen und zu fesseln hatte. Die Ritschbauern wiederum gaben den Gefangenen bewaffneten Geleitschutz auf ihrem Weg hinüber zum Malsiner, welch letzterer das Schwert über den Unglücklichen zu fällen hatte – unangenehme Pflichten allesamt, von denen sich die Bauern schließlich durch Entrichtung alljährlicher Abgaben in Naturalien befreien konnten.

• St. Michael gegen Kastelruth, im Hintergrund Ritten, die Mendel sowie das Adamello- und Ortlergebirge

WEITE LANDSCHAFT

• Blumenwiese unterhalb dem Michaeler Kirchlein

• Der Ladinserhof bei Tiosels

SPRACHGRENZE

Der Weiler St. Michael liegt unmittelbar unterhalb des Panidersattels, der die sowohl räumliche als auch sprachliche Grenze bildet zwischen der Kastelruther Hochfläche und dem Grödnertal. Aufgrund dieser besonderen Lage wurde in St. Michael noch weit bis ins 16. Jahrhundert hinein die rätoromanische Ursprache Ladi-

Die Geschichte der Kirche von St. Michael dem Himmelswächter reicht vermutlich in romanische Zeit zurück; auch das Patrozinium lässt auf eine frühe Entstehungsgeschichte schließen – der Hl. Michael war der Lieblingspatron der Ottonen. Die ihm geweihte Kirche unterhalb des Übergangs zum Grödnertal wurde wohl schon sehr früh auch zur Rast aufgesucht, als man die Toten der »Welschen Malgreien« zur letzten Ruhe im Friedhof der Pfarrkirche geleitete. Wohl aus diesem Grunde wurde sie gut ausgestattet und stellt einen wertvollen architektonischen Zeugen der Vergangenheit dar. Sehenswert sind die Fresken im Innenraum (18. Jhd.) und die teilweise aufgedeckten Malereien an der Außenwand (15. Jhd.)

• Holztransport mit Haflinger Pferdegespann bei St. Michael oberhalb Kastelruth

nisch gesprochen, während im übrigen Gemeindegebiet die Germanisierung längst erfolgt bzw. abgeschlossen war. Auf die enge Bindung zur »anderen«, der ladinischen Seite des Panidersattels weist auch die Tatsache hin, dass der Pufler Kurat, meist ein Ladiner, St. Michael mitbetreute und dass bis 1899 Ladiner die Seelsorge in St. Michael innehatten.

• Lafoglerhof oberhalb Kastelruth

ROMANTISCHES DÖRFLEIN

TISENS

• Tisens gegen Puflatsch und Schlern

Ganz besonders hübsch und bevorzugt gelegen ist der Weiler Tisens (925 m): Inmitten sanfter und endlos scheinender Wiesen schart sich eine Handvoll Häuser um den spitzen Kirchturm und bietet ein äußerst reizvolles Bild der typischen Haufensiedlung. Nach Süden hin ist die Landschaft weit offen, während gegen Norden die Santnerspitze, der Puflatsch und die ersten Zacken der Rosszähne einerseits dem Panorama eine grandiose Grenze setzen, andererseits das Dorf und dessen Bewohner vor kalten Winden schützen. Trotz der relativ geringen Entfernung zum Hauptort Kastelruth sind Tisens und seine Bewohner auch heute noch eine eigenständige, recht verschworene Gemeinschaft; im wesentlichen hat sich hier seit Jahrhunderten nichts geändert, und so trägt die idyllische Ruhe, die über der Häusergruppe liegt, in hohem Maße zum bezaubernden Charme des kleine Weilers bei.

Tisens gilt als Geburtsort der glücklosen Sabine Jäger, die als Geliebte des berühmt-berüchtigten Minnesängers Oswald von Wolkenstein in die Geschichte eingegangen ist. Das stolze Haus ist dem Volksmund zufolge das Elternhaus der Sabine Jäger; es steht mitten im Dorf unmittelbar neben der Kirche und schmückt sich mit einer großen Sonnenuhr. Zwar weiß die Geschichtswissenschaft diese Legende nicht zu bestätigen, doch tragen das Haus und seine »Geschichte« zweifellos um ein Beträchtliches zum einzigartigen Flair und einmaligen Charme des idyllischen Dörfleins bei.

HEIMATPFLEGE

Wie sehr die Bevölkerung von Tisens seit jeher an ihrem Dörflein, ihren Häusern, Höfen, Wiesen und Feldern hängt, zeigt sich nicht zuletzt in der besonderen Sorgfalt und Liebe, die allerorten sichtbar wird: An blumengeschmückten Balkonen nicht nur der Häuser, sondern auch der Scheunen, in ebenso bunt wie reich blühenden Gärten, in den gepflegten Wiesen und Feldern und natürlich in der Kirche, deren südseitige Kirchenwand von einem übergroßen Fresko des St. Christophorus geschmückt wird: Das Bildnis des Schutzheiligen aller Rei-

senden und Wanderer zeugt davon, dass der Weg, über den er wacht, einst viel begangen und in gewissem Sinne eine »Hauptstraße« war; das Fresko ist ein barockes Werk aus dem Jahre 1791 und überdeckt die ursprünglich gotischen Malereien.

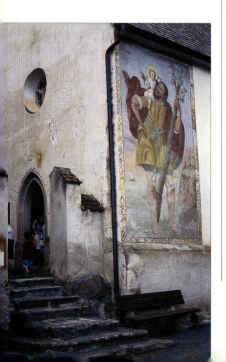

• Das Zentrum von Tisens

• rechts: Die Fraktion Tisens unterhalb Kastelruth

ROMANTISCHES DÖRFLEIN

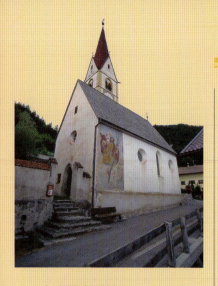

KIRCHEN-BESICHTIGUNGEN

Aus Sicherheitsgründen müssen seit einigen Jahren die vielen, hübschen und durchaus sehenswerten Filialkirchen der Kastelruther Pfarrkirche auch tagsüber geschlossen bleiben.

• Das Kirchenfenster

An festgesetzten Tagen und zu festgesetzten Uhrzeiten jedoch werden sie für Besucher geöffnet. Informieren Sie sich – oder bitten Sie den Messner: Er ist meist in unmittelbarer Nähe zur Kirche zu finden und lässt schon mal mit sich reden (wenn er nicht gerade das Heu einführt oder sein Vieh versorgt!).

Die Mauern der kleinen Kirche zeugen davon, dass ihre Ursprünge weit, weit zurückführen in die Geschichte. Tatsächlich findet das kleine Dorf schon im fernen Jahr 1280 erstmalig urkundliche Erwähnung – der Kirchturm zeigt noch heute unmissverständliche Zeichen jener Zeit. Im Laufe der Jahrhunderte erfuhr die Kirche zahlreiche Veränderungen und Anpassungen an den zeitgenössischen Geschmack: So stammt z. B. der gut erhaltene Tisensner Flügelaltar aus der Zeit der Spätgotik – er enthielt die qualitativ hochwertigen Statuen der Gottesmutter mit Kind und der Hll. Nikolaus und Leonhard (aus Sicherheitsgründen deponiert). Ebenso der Spätgotik zuzurechnen ist ein Hl. Nikolaus, der bis zum ersten Weltkrieg in der offenen Vorhalle stand und ebenfalls aus Sicherheitsgründen entfernt werden musste. Nicht zuletzt sollte das prächtige Ölbild von Franz Sebald Unterberger (Mitte 18. Jhd) Erwähnung finden – es stellt eine Maria mit Kind und den Hl. Nikolaus und ist Teil des ehemaligen Hochaltarblatts von St. Nikolaus. Heute kann es in der Pfarrkirche von Kastelruth bewundert werden. Das Gemälde, das am Choraufgang einen würdigen Platz gefunden hat, ist ein schöner Ausdruck der damaligen Weltanschauung, derzufolge Heilige als Fürsprecher einen bevorzugten Zugang zu Gott hatten: Sie wurden in Verbindung mit noch wichtigeren Heiligen oder sogar mit Gottvater, Sohn oder hl. Geist dargestellt.

• Ansicht von Tisens

• Innenansicht mit Gewölbe der Tisenser Kirche

WIESEN UND WÄLDER

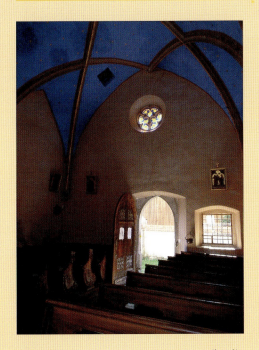

• Tisens gegen Osten

In Turm und Langhausmauern geht die Kirche von St. Nikolaus in Tisens wahrscheinlich bis in die Mitte des 14. Jahrhunderts zurück; die Kirche von Tisens lässt (neben jener von Tagusens) im außen rundbogigen, innen dreipassförmigen Apsisfenster bzw. in den spitzbogigen Schallöffnungen am Turm erstmals gotische Architekturelemente erkennen. Pfarrgeschichtlich gibt es schon relativ frühe Aufzeichnungen, aus denen beispielsweise hervorgeht, dass der wertvolle, gotische Hochaltar von St. Nikolaus zeitgleich geht mit der Wochenmessenstiftung einer gewissen Anna, Witwe Christoph Sprengers aus Klausen. In einer Baumeisterrechnung aus dem Jahre 1462 werden Ausgaben für eine Glocke erwähnt, während im 16. Jahrhundert, dem das heutige Gesicht der Kirche zuzuschreiben ist, Zinskäufe aus Gütern und Einzelgrundstücken in den anderen Malgreien der Kastelruther Pfarrkirche getätigt wurden.

GESCHICHTE IM RÜCKEN

Gleichsam Schutz suchend schmiegt sich das kleine Tisens zwischen drei Erhebungen, die eine wie die andere von großer Bedeutung sind für Besiedlungsgeschichte des Kastelruther Raums: Auf allen dreien dieser Hügel – dem Kofel, dem Katzenlocher Bühel und dem Percol – waren in vorgeschichtlicher Zeit Wallburgen angelegt worden.

• Das Dörflein Tisens im Frühling

• Der gotische Altar der St.-Nikolaus-Kirche

WIESEN UND WÄLDER

TAGUSENS

Dem Besucher scheint, als wäre die Zeit hier stehen geblieben: Weit ab und vom Trubel der Welt gänzlich unberührt liegt der Weiler Tagusens. Ausnahmsweise gruppieren sich hier die wenigen Hofstellen nicht um die Kirche – die ganz für sich auf einem felsigen Hügelvorsprung steht –, sondern vielmehr um den Dorfbrunnen. Der Umstand, dass einerseits die Kirche von Tagusens der Hl. Magdalena geweiht ist und sie andererseits gewissermaßen isoliert vom Rest des Dorfes steht, lässt vermuten, dass sich an ihrer Stelle einst eine vorgeschichtliche Siedlung und/oder Kultstätte befanden.

Aber nicht nur der äußerst idyllische und unverfälscht ländliche Charakter des Dorfes machen seinen einzigartigen Reiz aus: Tagusens liegt unvergleichlich reizvoll, umgeben von saftigen, sonnenbestrahlten Wiesen einerseits, dunklen und schattigen Wäldern andererseits – und unterhalb des Dorfes stürzen die Felsen steil ab ins Tal. Die Aussichten, die Tagusens zu bieten hat, sind dementsprechend: Frei schweift der Blick über den Nordostabhang des Grödentales, über die Abhänge des Rittner Berges und natürlich sind auch die Ortschaften Barbian und Villanders an der gegenüberliegenden Talseite gut zu erkennen.

AM SÜDÖSTLICHEN WALDRAND

von Tagusens liegen die dürftigen Überreste der Burg »Niemandsfreund«, die als Überbleibsel eines einstigen Jagd- oder Ritterschlosses angesehen werden. Da die Geschichte nichts darüber zu sagen weiss, konnte sich die Sage umso stärker behaupten: Deren schönste ist jene vom Hirschmoos, dem Moor, das sich hier anstelle des einst bedeutenden Sees ausbreitet. Der Volksmund weiß, dass einst ein herzloser Ritter auf Niemandsfreund hauste, dessen liebreizendes Töchterlein der letzten im Forst des Vaters noch lebenden Hirschkuh das Leben retten wollte, indem es sich auf deren Rücken schwang im naiven Glauben, der jagende Vater würde nun nicht mehr wagen, das Tier zu schießen. Weit gefehlt – der herzlose Mann ließ sich in seinem Jagdeifer nicht bremsen und jagte das waidwunde Tier mitsamt seiner Tochter in den See, wo beide ums Leben kamen. Seither geht das Mädchen nächtens als blaues Lichtlein in der Gegend des Hirschmooses um und hat schon so manchen unerschrockenen Jüngling, der das Mädchen retten und für sich gewinnen wollte, mitgenommen in ihre Welt der ewigen Unruhe.

• links: Das Kirchlein St. Magdalena bei Tagusens   • Kirchgang   • Tagusner Bäuerin

DIE BURG

Die Trostburg

Nicht sehr weit entfernt von Tagusens liegt die schöne Trostburg, auf der vermutlich der ritterliche Haudegen und Sänger Oswald von Wolkenstein das Licht der Welt erblickte. Die Burganlage stammt aus dem 12. Jahrhundert und erfuhr ab dem 15. Jahrhundert unter den Herren von Wolkenstein, die den Besitz beinahe 600 Jahre lang halten können, bedeutende Erweiterungen und Ergänzungen, so z. B. den warmen Gefolgesaal und die mit reichen Schnitzereien verzierte gotische Stube. In der Zeit um 1600, jene des baufreudigen Engelhard Dietrich Freiherr von Wolkenstein, hingegen erhielt die Trostburg ein Renaissancegewand: Die Fortifikationsanlagen, der einzigartige Renaissancesaal, die Kapelle, die schönen Kachelöfen und nicht zuletzt die großzügig angelegten Freskenmalereien zeugen davon. Die Trostburg konnte sich aufgrund glücklicher Umstände und die Pflege der Wolkensteiner erstaunlich gut erhalten – allein in den Wirren des Zweiten Weltkriegs erlitt sie teils nicht wieder gut zu machende Schäden. Aus diesem Grunde traten 1970 die Grafen von Wolkenstein ihre Burg an das Südtiroler Burgeninstitut ab. Nicht zuletzt sollte Erwähnung finden, dass auf der Trostburg zu allen anderen Sehenswürdigkeiten die größte Torggl Südtirols, eine ständige Ausstellung von 100 Südtiroler Burgmodellen und der beeindruckende Stammbaum der Grafen Wolkenstein besichtigt werden können.

ZUR TROSTBURG

Die Trostburg kann während der warmen Jahreszeit täglich besichtigt werden. Besonders schön und lohnend ist folgende Wanderung:
Unterhalb der alten Feuerwehrhalle in Kastelruth folgen Sie rechts ab der Markierung 2 rwr. Der Steig führt anfänglich steil bergan – über die »Katzenleiter«, wie der Volksmund das Wegstück getauft hat, bis zum »Moosbühl« und von dort steil abfallend nach Tagusens. Der von hier zur

Trostburg hinabführende Weg ist ebenso schön wie aussichtsreich: Einige hundert Meter vor der Dorfeinfahrt zweigt er links von der Straße ab und durchquert eine herrliche Wiesenlandschaft, um dann wieder im Wald unterzutauchen. Steil abwärts mündet der Weg dann in einen schönen Plattenweg, der direkt zur Burg führt. Als Gehzeit (einfach) sollten Sie ca. drei Stunden veranschlagen.

VIELE GEHEIMNISSE

umgeben den Schlern, und nur eines davon ist sein Name: Noch heute kann niemand dessen Ursprung mit Bestimmtheit deuten. Die Bezeichnung »Schlern« ist wahrscheinlich vorrömischen Ursprungs (»Sal« = »Wasser« = »Wasserberg«), könnte aber auch dem ladinischen »scialier« (Stufe, Bergstufe, Bergsockel«) entlehnt worden sein. Sachlich gesehen wäre diese Deutung die naheliegendere.

DIE BERGLANDSCHAFT

RUND UM DEN SCHLERN

Allein durch seine Form – ein breiter, ebenso massiger wie massiver Block – hebt der Schlern sich markant von der ihn umgebenden Landschaft ab. Häufig wird der Umstand seiner einzigartigen, ungewöhnlich »unversehrten« Gestalt anhand der Gipfelschichten, welche den darunterliegenden Dolomit vor Verwitterung schützen, erklärt; doch ist dies nur ein Teil der Erklärung – mindestens gleich großen Anteil haben laut Geologen der massive Bau des Berges, seine weite Ausdehnung, seine Kompaktheit und die geringe Tektonik des darunterliegenden Riffes. Nicht zuletzt dank dieser seiner einzigartigen und wahrlich unverwechselbaren Form wurde der Schlern zum Symbolberg Südtirols erkoren.

• Schlernbödelehütte gegen Puflatsch

• Seis gegen Schlern

• Schlern gegen Rosengarten

DAS SCHLERNGEBIRGE

• Der Schlern im Abendlicht

DIE SCHLERNHÄUSER

Unter den architektonischen Kostbarkeiten im hochalpinen Raum nimmt das große Schlernhaus (2.457 m) am Petz zweifelsohne einen führenden Rang ein. Gegen den Widerstand des damaligen Bozner Alpenvereins setzte Johann Santner, der große Kletterer, Erstbesteiger und Namensgeber der Santnerspitze, den schwierigen Bau durch. Das Schutzhaus wurde am 23.8.1885 eingeweiht und ging

Überaus reichhaltig und einzigartig ist die sog. Schlernflora, die sich im alpinen Bereich des Berges besonders gut erhalten konnte. Kostbare Dolomitenblumen können hier bewundert werden, darunter zahlreiche Endemiten, von denen viele nach den erfolgreichsten Erforschern der Schlernflora benannt wurden: So z. B. die kleine Steinbrechart nach Sieber, ein Polstersteinbrech auf Facchini, ein rosa blühender Mannsschild auf Franz von Hausmann und Gustav Seelos.

Kein Wunder also, wenn die Menschen seit jeher diese zwar hochgelegenen, dafür aber reich und vielfältig blühenden Wiesen und Almen für ihre Zwecke nutzten. Uralte Wege führten Mensch und Tier hinauf, und uralte Regeln bestimmten, wie viele Tiere den Sommer auf dem Rücken des Schlern verbringen durften.

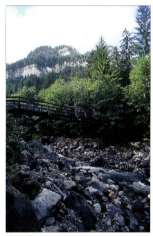

• Die Ratzesbrücke

schon bald als »die schönste und großartigste Hütte von ganz Tirol« in die Geschichte des Südtiroler Alpinismus ein. Ein Besuch ist Pflicht – auch wegen des grandiosen Panoramas auf Rosengarten und Latemar, den man von hier aus genießen kann!

• Der Schlern mit Santnerspitze

DIE GEBIRGSKETTEN

SCHON im 19. Jhd. lockten diese bleichen Gipfel und Wände Abenteurer aus aller Welt; ganz besonders trugen die englischen Abenteurer J. Gilbert und G. C. Churchill zur Erschließung der Dolomiten bei – ihr Buch »The Dolomite Mountains« wurde sofort zum Bestseller. Seither finden hier Bergsteiger, Forscher und Naturliebhaber aus aller Welt das Mekka ihrer Träume.

Als »Das schönste architektonische Kunstwerk der Welt« bezeichnete der französische Architekt Le Corbusier diese Bergwelt, die vor über 270 Millionen Jahren durch überwältigende Erschütterungen und Umwälzungen der Erdkruste aus dem Thetismeer hervorging und im Laufe der nachfolgenden Jahrmillionen durch die natürlichen Einwirkungen von Wasser, Wind und Eis geformt wurden, bis die beeindruckende Reihe von Spitzen, Nadeltürmen und Felsgraten zustandekam, die wir heute kennen.

Viele Mineralien sind nach Landschaften oder ihren Erforschern benannt – nur ein einziges Mal jedoch wurde der Name einer Landschaft von einem Mineral abgeleitet, das wiederum und seinerseits den Namens seines Erforschers trägt: Die Dolomiten. Deodat de Dolomieu (1750–1801) hieß der Mann – ein Abenteurer mehr denn ein Wissenschaftler – dessen Interesse von den »Bleichen Bergen« geweckt wurde und der 1789 hier einen Kalkstein fand, der zusätzlich zum damals schon bekannten und erforschten Kalziumkarbonat einen hohen Anteil an Magnesium enthält. Dieses von ihm entdeckte Mineral wurde gegen seinen Willen vom Schweizer Chemiker und Botaniker de Saussure (Sohn des Mont-Blanc-Erstbezwingers) »Dolomit« genannt.

• rechts: Schlernplateau gegen Kastelruth und das Eisacktal

• Blick zu den Schlernhäusern, links im Hintergrund die Rosengartengruppe und rechts die Latemargruppe

DIE NATURLANDSCHAFT

• Das Schlernplateau

AUF KEINER ANDEREN ALM

im gesamten Tiroler Raum war die almwirtschaftliche Nutzung so ausführlich geregelt wie auf der Seiser Alm. Die erste Seiser-Alm-Ordnung bestand schon im Jahre 1473 und wurde – des öfteren ergänzt und erneuert – bis weit ins 19. Jahrhundert hinein angewandt. Die eigens dafür bestellten »Saltner« hatten über die Einhaltung der Bestimmungen zu Ochsenweiden, Bewirtschaftung der Almwiesen, Nutzung der Bergwälder, Beweidung der Wiesen u. v. m. zu wachen.

Wilde Gipfel, tiefe Schluchten, dunkle Wälder – diese Landschaft beflügelt die Phantasie wie kaum eine andere; so ist es nur natürlich, dass die Welt der Sagen und Legenden ebenso reich und vielfältig ist wie das Land, um das sie gesponnen wurden. Eine der schönsten Sagen erzählt, wie die Mondblumen – heute »Edelweiss« genannt – auf die Erde kamen: Es war einmal ein Königssohn, der von unerklärlichen Sehnsüchten und großer Traurigkeit geplagt wurde. In einer Vollmondnacht, als er wie so oft die Wälder seines Vaters durchstreifte, begegnete er drei Mondbewohnern und bat sie inständig, ihn mitzunehmen in ihre Heimat, wo er sein Glück zu finden hoffte. Wider besseres Wissen willigten die Mondbewohner schließlich ein. Auf dem Mond entdeckte der Prinz überwältigt, dass der schöne, silberne »Mondglanz« von Millionen und Abermillionen sternförmiger Blumen herrührte und beschloss, eine Handvoll dieser Wunderblumen auf die Erde zurückzubringen. Zwar konnten die Mondblumen auf der Erde Fuß fassen, allerdings waren schlussendlich nicht sie es, die Licht in des Prinzen Heimat und Gemüt brachten – das gelang der Mondprinzessin und dem damals noch hier beheimateten Zwergenvolk – aber das ist eine andere Geschichte.

• Almabtrieb am Knüppelweg bei Völs

• Die goldleuchtenden Rosszähne im Morgenlicht

• rechts: Durch die Schlernklamm gegen Seis und Kastelruth und das Eisacktal

VÖLS UND DAS TIERSER TAL

DER SCHÄUFELESTEIG

Ebenso berühmt – ob seiner Schönheit – wie berüchtigt – er verlangt dem Wanderer ein nicht unbeträchtliches Maß an Kondition und Durchhaltewillen ab – gilt der »Schäufelesteig«, der hier vorgestellt werden

soll, als einer der schönsten Wege, die auf den Schlern führen: Ausgangspunkt ist der idyllische Völser Weiher. Von hier zur Tuffalm und weiter in südöstlicher Richtung über Peter Frag bis zur Teufelsschlucht: Auf diesem schwer gangbaren Weg wird seit dem Mittelalter das Vieh aufgetrieben. In ihrer Unberührtheit ist diese Landschaft ein selten schönes Stück Natur, das jeden Aufwand um ein Vielfaches lohnt!

»Die Berge lehren uns das Schauen. Schauen ist Glück« (Dr. R. Stecher). Diese wenigen Worte beschreiben ebenso schlicht wie trefflich das große, stille Glück, das die Berge auszulösen vermögen im Betrachter. Schauen, in aller Ruhe schauen und das Gesehene in tiefen Zügen trinken – wer am Berg ist, braucht Zeit. Zeit, zu schauen und Zeit, zu sehen. Hast und Hetze, Stress und Hektik haben hier nichts verloren. Der Berg will in Ruhe erlebt werden, Schritt für Schritt und Blick für Blick. Und selbstverständlich darf es keine Rolle spielen, wie lange man unterwegs ist, wie viele Stunden die Eroberung des Gipfels in Anspruch nahm. Der Weg ist das Ziel, am Berg mehr als anderswo. Es genügt eine langsame Drehung um die eigene Achse, das Erreichen einer Anhöhe, wenige Kilometer Fahrstraße – und schon sieht die Welt, die man soeben noch zu kennen glaubte, völlig anders aus. Allein der Schlern hat zahllose Gesichter und bietet ebenso viele Perspektiven: Er präsentiert

• St.-Zyprian-Kirchlein mit Rosengarten

sich beispielsweise von Völs aus betrachtet in völlig anderer Gestalt – massig, wie ein schlafendes Riesentier –, als er dies von Seis oder Kastelruth aus tut. Es bleibe dahingestellt, welches seiner vielen Gesichter das Schönste ist, und zu welcher Jahreszeit die Landschaft zu seinen Füßen den größten Liebreiz ausstrahlt – es reicht völlig zu wissen, dass diese Landschaft, einem Füllhorn gleich, Glück und Überraschungen in endloser Fülle auszuschütten vermag über all jenen, die sie offenen Auges und heiteren Gemüts durchstreifen.

• Das Umser Kirchlein gegen Schlern

• Peterbühel bei Völs gegen Schlern

WANDERUNGEN

Eines der schönsten Juwele der Dolomiten ist der Rosengarten, filigraner Nachbar des Schlern im Tierser Tal. Seine schroff emporragenden Felstürme und Wände sind in ihrer wilden Schönheit ein reizvolles Gegenspiel zum poetischen Namen, den dieser Gebirgsstock dem berühmten Rosengarten des Zwergenkönigs Laurin verdankt: Hier soll ersterer einst versunken sein, nachdem der verliebte Wicht und sein Volk von Hinterlist, Missverständnissen und nicht zuletzt Witteges Gewalt besiegt worden waren.

Als König Laurin nach langen Fahrten wieder zurückkehrte in seine Berge und den geliebten Rosengarten erblickte, sprach er: »Diese Rosen haben mich verraten. Hätten die Recken sie nicht gesehen, so hätten sie meinen Berg nie gefunden«.

Der Rosengarten wurde in eine Steinwüste verzaubert, allerdings vergaß Laurin in seinem Bann auf die Dämmerung und so kommt es, dass in den Stunden zwischen Tag und Nacht die Rosen wieder sichtbar werden.

• Tiers am Rosengarten

• Völser Wanderweg

»Alle Menschen werden
die Wahrnehmung machen,
dass man auf hohen Bergen,
wo die Luft rein und dünn ist,
freier atmet
und sich körperlich leichter
und geistig heiterer fühlt«

(J. J. Rousseau)

• Ansitz Zimmerlehen bei Völs, im Hintergrund der Schlern im Abendrot

GRÖSSTE HOCHALM EUROPAS

DIE SEISER ALM
und die umliegenden Berge

Es gibt keine ihr vergleichbare: Die Seiser Alm ist die unbestrittene Königin aller Hochalmen dieser Erde. Der Superlative, deren sie sich rühmen darf, sind gar einige – zu viele, als dass sie hier aufgezählt werden könnten. Sie erstreckt sich über 57 qkm, deren tiefster Punkt auf 1.630 m liegt, der höchste auf 2.350 m. Von den 57 qkm entfallen je ein Drittel auf Wiesen, Weiden und Wälder. Ödland bedeckt demzufolge nicht mehr als 10 % der Gesamtfläche. Über 100 % der Fläche zieht sich ein Netz von Wanderwegen, insgesamt an die 350 km, das wiederum seinesgleichen sucht in der Welt : Keiner ist wie der andere, einer schöner als der andere. Mag sein, dass sich an manchen Tagen ein paar Menschen zuviel auf die Alm hinaufsehnen und dieser – verständlichen – Sehnsucht auch nachgeben: »Die Alm« trägt's mit Fassung, ihre Größe und ihre Weite erlauben es ihr, sie ist zu grandios, als dass der Menschen Tun und Lassen sie in ihren Grundfesten erschüttern könnte.

ETWA EIN DUZEND steinzeitlicher Fund-, Jägerrast- und mitunter -wohnstätten auf der Seiser Alm sind wissenschaftlich nachgewiesen. Der berühmte »Tschonstoan« (8.000 v. Chr.) zählt zu den ältesten, vom frühen Menschen benutzten Unterständen in den hoch gelegenen Regionen Europas. Am Burgstall auf der Schlernhochfläche fanden sich

Aber es muss gesagt werden: Ihre einzigartige Magie, ihr wahres Wesen und ihre ganze Größe zeigt sie am liebsten in den frühen Morgen- und Abendstunden – dann erwacht die Königin zum Leben.

Überreste früheisenzeitlicher Siedlungen ebenso wie Münzen aus der Zeit des römischen Kaisers Valerian. Reste von Steinmauern – Überreste einstiger Ställe und/oder Städel, Nutzflächenbegrenzungen, Einzäunungen – sind teilweise heute noch zu erkennen und weisen vermutlich ins 15. Jhd zurück. In den letzten 50 Jahren hat sich das Gesicht der Seiser Alm nachhaltig verändert: Noch vor knapp 80 Jahren stand auf dem heute dicht besiedelten »Compatsch« keine einzige Schwaige.

• Die Seiser Alm mit Lang- und Plattkofel im Herbst   • rechts: Der Saltriabach mit der Langkofelgruppe

GRÖSSTE HOCHALM EUROPAS

SEIT JEHER

wird die Seiser Alm bewirtschaftet und seit einigen Jahrzehnten auch ganzjährig bewohnt – Tatsachen, die eine gewisse Erschließung notwendig machen. Um diese Erschließung in Grenzen zu halten, wurde die Seiser Alm zum »Landschaftsschutzgebiet« erklärt und Besuchern ebenso wie Bewohnern einige Grenzen auferlegt: So ist u. a. die Straße ab Compatsch und bis nach Saltria für den allgemeinen Verkehr gesperrt.

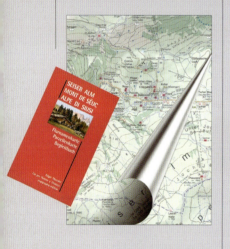

Was dem Ortsfremden eine schlichte Holzhütte – die eine größer, die andere kleiner –, wird vom Einheimischen streng unterschieden: So ist z. B. eine »Schwaige« so etwas wie ein größeres Alm-Anwesen; was eine rechte Schwaige (Vollschwaige) sein will, hat nach alter Tradition den ganzen Sommer über voll bewirtschaftet zu sein. Die schlichtere – und älteste – Variante der Almhütten ist die Kochhütte – sie hat vermutlich als einziges der Almgebäude ihre Wurzeln in der Frühzeit der almwirtschaftlichen Nutzung. Die Kochhütte war und ist nicht mehr und nicht weniger als das, was ihr Name sagt: Eine Hütte mit dem ausschließlichen Zweck des Kochens während der sommerlichen Mahdwochen. Neben den kleinen Kochhütten findet sich immer eine sog. »Dille«, der kleine Almstadel, in dem das Almheu zwischengelagert wurde, bis es im Winter bzw. bei Bedarf »fuderweise« zu Tal gebracht wurde. Es gibt auf der Seiser Alm wohl keine Schwaige oder Kochhütte, die nicht zumindest während der traditionellen Mahdwochen bewirtschaftet wäre – heute wie vor hundert Jahren.

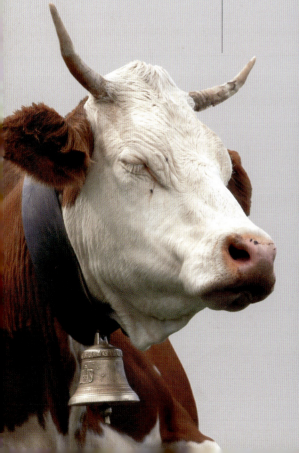

• rechts: Die Seiser Alm gegen die Rosszähne

GRÖSSTE HOCHALM EUROPAS

Insgesamt gibt es weit mehr als 40 Sagen, die sich allein und ausschließlich um die Seiser Alm ranken. Besonders interessant sind die Erzählungen von den »Wilden Leuten« (»Salvans« im ladinischen), die auf der Seiser Alm allerorten hausten. Die Behausung einer dieser Sippen ist das »Wilde-Leute-Loch«, das sich von der Alm Unternonn durch den Berg Puflatsch bis zum Keller des Pufler Wirtes hinziehen soll. Einmal waren die Wilden Leute in der Vorstellung der Bevölkerung verwilderte Zwerge, ein anderes Mal riesenhafte, zottige und mit Keulen bewaffnete Waldmenschen, die den kleiner gewachsenen Ursiedlern Grund und Boden streitig machten. Sie konnten aber auch gutmütig und hilfreich sein – in diesem Falle drängt sich der Gedanke an Silvanus, den Waldgott der Romanen, auf. Zwei Worte noch zu den »Wilden Weibern«: Sie raubten die Kinder der Bevölkerung oder gaben ihnen aus ihren Brüsten giftige Milch zu trinken und wurden – folgerichtig – »Langtüttin« oder »Lomberda« (aus dem Süden, dem Land der Lombarden Gekommene) genannt.

• links: Der Molignon im Morgenlicht

MEERALTES MANDL

»I bin so alt,
dass i die Seiser Alm
neunmal Wies
und neunmal Wald denk«

(Das »Meeralte Mandl«,
Urheber dieser Worte, zeigt sich
noch heute ab und zu)

DIE INNERE SEISER ALM

• Die Tierser-Alpl-Hütte in der Abendsonne

ALPENGLÜHEN

Das berühmte »Alpenglühen« – »Enrosadira« im Ladinischen – entsteht aufgrund des Streulichts bei Sonnenauf- bzw. -untergang; wissenschaftlich gesehen ist es nichts anderes als der Widerschein des Abendrotes in den Bergen. Verstärkt wird das abendliche Glühen der Felsspitzen und -wände durch den Purpursaum der Gegendämmerung: Besonders prachtvoll und intensiv fällt es immer dann aus, wenn kurz vor Sonnenuntergang Regen gefallen ist.
Trotz des Wissens um seine Entstehung ist der Zauber, den die rotglühenden Berge auch auf den«aufgeklärten« Menschen ausüben, ungebrochen: Umso beeindruckender wirken im Gegenteil die zahlreichen Sagen, die unsere »unwissenden« Ahnen um dieses Phänomen gesponnen haben.

• Blick zur Marmolata

Zu den Rosszähnen und zum Molignon

Zu den spektakulärsten Gebieten der Seiser Alm zählen der Molignon und die Rosszähne; der Molignon ist die gewaltige, südlichste Spitze des weitläufigen Rosengartengebietes und bewacht gleichsam den Südausgang des Durontales. Von der Seiser Alm aus gesehen, offenbart sich die grandiose Felslandschaft nicht unmittelbar: Sie verbirgt sich größtenteils hinter den filigraneren, durch ihre rotbraune Färbung sich deutlich vom bleichen Dolomitgestein abhebenden Spitzen: Rosszähne, Roterdspitze und Roterdkamm. Wenn also unter diesem Gesichtspunkt der Molignon nicht zum unmittelbaren Panorama bzw. »Einzugsgebiet« der Seiser Alm gehört, so ist es schlicht und einfach zwingend, dass seine wilde, unberührte Naturlandschaft ganz besonders erwähnt wird. Die großartige Welt der »gutmütigen Riesen«, wie der Molignon im Volksmund genannt wird, ist zudem recht einfach zu erobern – eine entsprechende Rundwanderung kann auch vom »bescheidenen« Wanderer leicht an einem Tag bewältigt werden.

DIE ROSSZÄHNE

Die Wanderung in die Welt der »gutmütigen Riesen« beginnt auf der Seiser Alm, an der Bergstation des Sesselliftes Panorama und führt quer über die erst moosigen, später dann – wir befinden uns schon im Bereich des Naturparks Schlern – überreich blühenden Wiesen bis kurz vor den »Goldknopf«, wo der Weg Nr. 2 abzweigt; dieser führt später direkt in die zwar steile, dafür aber kurze Geröllhalde der Rosszahnscharte. Ist diese erst einmal überwunden und der scharfe Grat, der eben die Seiser Alm vom südlichen Rosengartengebiet trennt, erreicht, ist der Wanderer auch schon mittendrin in der stillen Felswelt des Molignon, seiner Türme, Wände, Schluchten ... und tut gut daran, erst einmal inne zu halten und den überwältigenden Anblick auf sich wirken zu lassen, bevor er sich (rechts) dem Tierser Alpl zuwendet oder (links) der Mahlknechthütte. Auch beides ist übrigens problemlos machbar.

DA GIBT ES GRATE

vom Frost zersplittert und vom Regen und geschmolzenen Schnee zu Türmen und Turmspitzen ausgewaschen, während man überall und immerfort Töne hört, die sagen, dass die Kräfte noch immer wirksam sind, die hier seit Anfang der Welt gearbeitet haben und nicht eher aufhören werden, als bis sie die ungeheure Bergmasse in Atome verwandelt haben« (E. Whymper)

• Wanderung beim Tierser Alpl   • Schneewanderung im Frühsommer   • unten: die Rosszähne

DIE INNERE SEISER ALM

Der Mythos des »Tierser Alpl« liegt weit zurück in der Zeit, da der Bergtourismus noch in den Kinderschuhen steckte und auf dem Lande bittere Not herrschte. Aus dieser Not heraus gebar der aus Tiers stammende Max Aichner die Idee zu seinem Haus in den Bergen, dort, wo das Tschamintal (Tiers) in eine kleine Senke unmittelbar unter den Wänden der Rosszähne mündet. Mit bloßen Händen, Schaufel und Pickel ebnete er das felsige Gelände, auf seinem Rücken schleppte er das Baumaterial in nicht enden wollenden Gewaltmärschen hinauf in die Berge und baute dort – nur auf sich gestellt und Wind und Wetter schutzlos ausgeliefert – viele Sommer lang an seinem Traum(-haus). Über die Jahre und unter schier unglaublichem Kräfteeinsatz wuchs das Tierser Alpl zu dem heute stattlichen Schutzhaus heran, das von der Tochter des Gründers und ihrer Familie ganz im Geiste des Vaters, mit viel Liebe zu dessen Hände Arbeit und zum Berg, geführt wird.

• Die Tierser-Alpl-Hütte unter dem Rosszähnegebirge

VIELE WEGE...

... führen hierher: Das felsige Tal, dessen strategischer Mittelpunkt das »Tierser Alpl« ist, ist ebenso Ausgangs- wie Zielpunkt zahlreicher Wanderwege in die umliegenden Täler und Gegenden: Das reizvolle Durontal ist die Verbindung nach Campitello im Fassatal, durch das berühmt-berüchtigte »Bärenloch« gelangt man ins wildromantische Tschamintal, welches wiederum in das idyllische Tierser Tal mündet und nicht zuletzt führt der mit Nr. 3 – 4 ausgezeichnete Höhensteig hinauf auf die Anhöhen des Schlernmassivs und von dort hinunter nach Völs oder auf die Seiser Alm.

DIE ROSSZÄHNE

Die Sage erzählt, dass Oswald von Wolkenstein einst oft hier heraufstieg, weil er sich in die schöne Antermoja verliebt hatte, die hier lebte und deren Liebe er seine Musik- und Dichtkunst verdankte. Oswald aber verriet seine Liebe und ihren Zauber, worauf das schöne Mädchen sich auf Nimmerwiedersehen in ihre Berge zurückzog und dort über dem Undank des Geliebten so viele Tränen weinte, dass daraus ein See wurde: Der zauberhafte, smaragdgrüne und herzförmige Antermoja-See. Zwei Wege führen vom Tierser Alpl dorthin: Der Wander-Steig (lang, aber schön) und der »Laurenzi«-Klettersteig (anspruchsvoll, aber lohnend).

• unten: Die Rosszähne im goldgelben Morgenlicht

• Wanderweg zu den Schlernhäusern

SICHERHEIT AM BERG

Die Tatsache, dass zumeist ausgezeichnete Wege kreuz und quer durch und über alle Berge führen, soll den Städter oder ortsfremden Bergsteiger nicht täuschen: Dem Berg gebührt Respekt – ersterer scheut sich nicht, all diejenigen zuweilen auch hart zu bestrafen, die zweiteres vernachlässigen. Gesunde Vorsicht und weise Voraussicht heißen zwei der

Grundregeln, die nie außer Acht gelassen werden sollten: Angemessene Ausrüstung, korrektes Einschätzen der eigenen Fähigkeiten, der Entfernungen und nicht zuletzt der Witterung helfen, Unfälle zu vermeiden und tragen in hohem Maße dazu bei, dass die Ausflüge in die Berge nichts als ungetrübte Freude und ungetrübtes Glück bringen.

DER MOLIGNON

»Weil sie
so viel zu geben haben
und es so freizügig geben...,
lieben die Menschen die Berge
und kehren immer wieder
dorthin zurück«

(F. Younghusband)

Wandern – kreuz und quer durch das verzauberte Reich der Bleichen Berge, durch dichte Wälder und über blühende Wiesen ist die perfekte Kür für alle Bergliebhaber, die den Zauber dieser stillen Welt bis zur Neige auskosten wollen: Die intensiv stillen und unglaublich reinen Stunden der Abenddämmerung, das überwältigende Schauspiel der hinter kahlen Gipfeln em-

DER MOLIGNON

porsteigenden Sonne, die göttliche Schönheit der Spitzen und Gipfel... Die gut erschlossene Bergwelt rund um die Seiser Alm bietet sich mehr als andere dafür an, Tage, oder Wochen gar, darin zu verbringen, ohne Hast und Eile, in dieser grandiosen Welt, die Le Corbusier als »die schönste Archituktur der Welt« bezeichnete.

MORGENSTIMMUNG AM MOLIGNON

Trotz harter Arbeit haben sich die Almbauern ihren Frohsinn bewahrt. Die Alpenrosensträuche findet man im Frühjahr vor allem um die Gegend des »Spieglwaldes«.

DIE SEISER ALM UND DIE BERGE

Eine der reizvollsten Ecken der Seiser Alm ist ihr – sozusagen – äußerstes Ende Richtung Lang- und Plattkofel. Zu deren Füßen erstreckt sich ein kleines Tal, das jedoch in seiner Vielfältigkeit Größe beweist: Sonnenbestrahlte Wiesen, munter dahinfließende Wasser, schattige Wälder – Saltria ist eine Welt für sich. Schöne, in sich geschlossene Spazierwege finden sich hier zuhauf und nicht zuletzt ist Saltria ebenso Ausgangs- wie Zielpunkt zahlreicher Wanderungen in und durch die höhergelegene Bergwelt. Nordwärts mündet das Tal in das wildromantische Jendertal und stellt somit die direkte Verbindung nach St. Christina im Grödnertal dar. Saltria's besonderer Reiz liegt nicht zuletzt in der Tatsache begründet, dass es an den äußeren Grenzen des Landschaftsschutzgebietes liegt und somit sowohl wirtschaftlich als auch verkehrsmäßig deutlich weniger erschlossen, soll heißen ursprünglicher ist als die vordere Seiser Alm: Autoverkehr und die mit ihm verbundenen Unannehmlichkeiten sind hier deutlich eingeschränkt – zum großen Vorteil der Wanderer, die den Zauber dieser Landschaft pur geniessen wollen – und können. Grosse Namen der Filmwelt haben die Vorzüge dieser Landschaft für sich und ihre Projekte entdeckt und sie auf Zelluloid verewigt: Allen voran muss in diesem Zusammenhang wohl Luis Trenker genannt werden, der sich leidenschaftlich gern in dieser Ecke aufhielt, sie immer wieder besuchte und hier schlussendlich auch Teile seines preisgekrönten Films »Der verlorene Sohn« drehte. An diesen berühmten Sohn Südtirols, seine überragende Liebe zu den Bergen und sein umfangreiches Schaffen erinnert übrigens ein Trenker-Standbild, das beim »Gasthof Tirler« einen ihm angemessenen Rahmen und Platz gefunden hat. Dieselbe Landschaft, anderes Thema – Roman Polanski hat hier in Saltria Teile seiner berühmten »Dracula«-Verfilmung angesiedelt und gedreht: Wahre Schönheit ist eben immer telegen – in Heimat- genauso wie in Gruselfilmen!

»SÜSSES LEBEN«

Manch einer meint, die Welt der Berge sei untrennbar mit Schweiß, schmerzenden Füßen und ziehenden Muskeln – von denen man bis vor kurzem gar nicht wusste, dass man sie überhaupt hat – verbunden: Dem kann, dem muss aber nicht so sein. Gerade die Seiser Alm, in ihrer sanften Vielfalt, bietet unendliche Möglichkeiten, die Seele baumeln und den Herrgott einen guten Mann sein zu lassen...

• Der Molignon in der Morgensonne

DIE SEISER ALM UND DIE BERGE

Die Langkofelgruppe

Lang- und Plattkofel sind, mit dem Schlern, die mächtigsten Eckpfeiler des Seiser-Alm Panoramas: Gewaltig anzusehen wachsen die beiden Riesen aus den grünen Wiesen gegen Himmel und bilden die natürliche Grenze der Seiser Alm bzw. der Gemeinde Kastelruth. Fünf der insgesamt sieben Spitzen der Langkofelgruppe überragen einerseits die 3.000-Meter-Grenze, während andererseits, unmittelbar an den Nordwestfuß des Massivs anstoßend, sich die grünen Confinböden erstrecken: Letztere eine dolomitische, ja fast alpine Berühmtheit! Das Zusammenspiel dieser Gegensätze ist ebenso einzigartig wie reizvoll und bietet dem Wanderer innerhalb eines einzigen Tage ein absolutes Höchstmaß an konzentrierter Schönheit.

• Das selten gewordene Heutuch-Einbringen

KÖNIG LAIADRO

war einsam und verlassen in seinem Schloss zurückgeblieben, als in der Dämmerung eines klaren Tages durch die Luft die Königin eines fernen Landes zu ihm kam mit der Bitte, ihr ein Kraut aus seinen Wiesen zu überlassen, damit sie ihren todkranken Sohn damit heilen könne. König Laiadro aber, dem nur noch seine blühenden Wiesen Freude zu bereiten vermochten, schlug der fremden Königin ihre Bitte ab, worauf sie in den Lüften entschwand wie sie gekommen war. Gleichzeitig erhob sich über Laiadros Schloss ein wütender Sturm, die Erde öffnete sich und an der Stelle des Schlosses wuchs ein gewaltiger Turm in die Höhe, von dessen Spitze sich König Laiadro in seinem unerträglichen Grauen in die Tiefe warf. Der Berg war geboren, und am nächsten Morgen gaben ihm die erstaunten Hirten auch gleich einen Namen: »Wo in Teufels Namen kommt dieser lange Kofel her?«, fragten sie sich, und seither heißt der Berg Langkofel.

• Der Langkofel im Herbstlicht

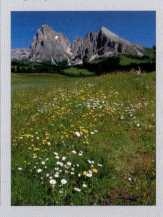

OSKAR-SCHUSTER-KLETTERSTEIG

• Das Gipfelkreuz des Plattkofels

FRIEDRICH-AUGUST-WEG

Zum Kennenlernen der Lang- und Plattkofelgruppe ist der Friedrich-August-Weg vorzüglich geeignet, ein bequem begehbarer Höhenweg, an dessen einem Ende die Seiser Alm, am anderen das Sellajoch stehen. Auf diesem faszinierenden Panoramaweg über Seiser Alm, Duron- und Fassatal darf man sogar die gletscherbehangene Marmolata von ihrer schönsten Seite bewundern!

• Am Plattkofelkreuz

CONFINBÖDEN-LANGKOFELHÜTTE

Eine Pflichttour für Dolomiten-Enthusiasten und die schönste Art, den Einstieg zum Schustersteig, d.h. die Langkofelhütte, zu erreichen, ist der Weg über die Confinböden. Der Fotoapparat sollte zur Hand sein – dem Sucher bietet sich eine überaus reichhaltige Palette großartigster Hochgebirgsbilder.

• Oskar-Schuster-Klettersteig

Nur einen der Gipfel in der Langkofelgruppe kann der Wanderer ohne Seil und Haken erklimmen: Den Plattkofel (2.964 m). Auf dessen Gipfel wiederum führen zwei Wege: Der erste ist zwar steil, weist aber ansonsten keine nennenswerten Schwierigkeiten auf. Die Wagemutigeren jedoch erklimmen den Plattkofel via »O.-Schuster Klettersteig« über die gegliederte Ostwand – Trittsicherheit, Schwindelfreiheit, Klettergurt und -helm sind unabdingbare Bestandteile der Ausrüstung. Der Weg führt von der Langkofelhütte auf gutem Steig südwestwärts im anfangs mäßig, dann steileren Kar ansteigend und rechts zum Einstieg am Felsvorbau der Ostflanke; über gut gesichertes, steiles Gelände zum Bereich einer Schlucht, dort links über Rinnen (markiert und gesichert), kurze Kamine und abwechselnd über Bänder südwärts ansteigend zur Gipfelabdachung. Eine Felsrampe führt zum Grat, kurz nordwärts zum Gipfel... und damit zum Ziel und zum Gipfelkreuz, wo das überwältigende Panorama jegliche Mühe im Nu vergessen macht! Für den Abstieg bietet sich die »bequemere«, doch nicht minder lohnende Variante über die Vorderseite des Plattkofels an.

• Die Langkofelhütte

• Gegen Zallinger und Plattkofel

• Aufstieg zum Oskar-Schuster-Klettersteig

DIE SEISER ALM

Wenn der Sommer zu Ende geht, verlässt – bis auf wenige Eingeschworene – alles menschliche Leben die Seiser Alm. Das Vieh ist abgetrieben, die Wiesen gemäht, das Heu eingeführt; die Weiden sind abgegrast und die Läden der Schwaigen dicht und winterfest gemacht. Die Tage werden kürzer, Bäume färben sich herbstlich bunt, von den umliegenden Gipfeln leuchtet frisch gefallener Schee, während in tieferen Lagen Raureif vorübergehend Gräser und Bäume mit seinem silbrig-schimmerndem Gespinst überzieht. Tiefe Ruhe atmet nun auf der größten Hochalm Europas, und mehr als sonst treten in der Stille ihre immense Größe und ihre einzigartige Magie zutage. Nicht mehr lange, dann wird, mit einer dicken Schneedecke, neues Leben einziehen hier oben und die Seiser Alm ihr anderes, winterlich-buntes Gesicht zeigen.

ALMABTRIEB

Dass der Sommer zu Ende ist, weiss man hierzulande allerspätestens

• Almabtrieb

dann, wenn bunt geschmückte Kühe unter lautem Geläute ihrer großen und kleinen Glocken ins Dorf zurückkehren. Die Glocken und der Schmuck verkünden, dass alle Tiere den Almsommer unter freiem Himmel wohlbehalten und gesund überlebt haben – den schönsten Schmuck tragen übrigens jene Kühe, die sich durch besondere Milch- oder andere Leistungen von der übrigen Herde hervorgetan haben. Im Gegensatz zu vielen anderen Ortschaften im Alpenraum, war und ist es in Kastelruth nie üblich, dass der Almabtrieb in einem allgemeinen Dorffest seine Krönung findet bzw. der Almsommer auf diese Weise abgeschlossen wird.

• Wandertour unterm Plattkofel, im Hintergrund das Zallingerkirchlein

DIE SEISER ALM

BLONDE SCHÖNHEITEN

Seit einigen Jahren ist der »Zallinger« auch ein Mekka für Pferdeliebhaber: Auf den weitläufigen Wiesen und Weiden rund um das Berghaus tummeln sich im Sommer schier unüberschaubare Herden goldblonder Haflinger – einst schlichte und anspruchslose Arbeitstiere, heute Stolz und Leidenschaft zahlloser

Züchter. Zu den erfolgreichsten Züchtern Südtirols zählen die »Zallinger«-Wirtsleute, beide ebenso gesellig wie lebenslustig, die viel, viel Zeit und Leidenschaft in die Aufzucht der blonden Vierbeiner investieren mit dem Ergebnis, dass ihr Gestüt alljährlich durch zahllose Preise und immer schönere und wertvollere Tiere ausgezeichnet wird.

• Das Zallinger-Kirchlein

• Mountain-Bike-Tour auf der Seiser Alm

Beim Zallinger

Die zauberhafte Landschaft, in die der »Zallinger« eingebettet ist und das großartige Panorama, das sich hier vor dem Betrachter – grossteils zu dessen Füssen – auftut, sind nicht die einzigen, aber doch die Hauptgründe dafür, dass das Berghaus selbst und die Gegend rundherum schon seit vielen Jahrzehnten bei Einheimischen und Gästen äußerst beliebt sind. Viele schöne Wege führen zum Zallinger und/oder beginnen hier, Radfahrer, Wanderer und Sonnenanbeter finden hier ihr jeweiliges Paradies und nicht zuletzt ist das pittoresk gelegene Zallinger »Kirchlein« – übrigens die höchstgelegene, geweihte Kirche in Südtirol – ein großer Anziehungspunkt.

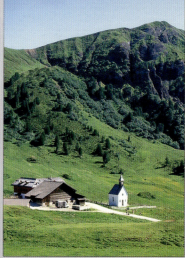

• Der Plattkofel bei Sonnenuntergang

SEISER-ALM-WANDERUNGEN

Aufstieg zu den Schlernhäusern

• Heuarbeit auf der Seiser Alm

Wer den mächtigen Berg vom Tal aus betrachtet und sich vielleicht auch noch zum ersten Mal mit derartigen Felsriesen konfrontiert sieht, schaut ungläubig, wenn ihm erzählt wird, dass die Eroberung des Riesen Rücken keineswegs nur durchtrainierten Hochleistungssportlern und Klettermaxen vorbehalten ist: In nur knapp drei Stunden ist ganz oben, wer auch nur halbwegs Herr über seine Beinmuskeln ist. Trotzdem: Zeitangaben sind Richtlinien – und sollten keineswegs als Maßstab dienen. Hier am Schlern gilt, mehr noch als sonst: Der Weg ist das Ziel. Das »Ankommen« ist nichts als das glückliche Ende einer schönen Geschichte mit zahlreichen Höhepunkten, deren erster die Bergfahrt mit dem »Spitzbühllift« ist – danach geht es Schlag auf Schlag für alle, die Augen zum Sehen und Ohren zum Hören haben. Die zugegebenermaßen etwas unglückliche Bezeichnung dieses klassischen Schlernsteiges – er heißt offiziell »Touristensteig« – sollte niemanden abschrecken: Der Name entstand zu einer Zeit, als der Begriff »Tourist« noch nicht den schalen Beigeschmack von »Masse« hatte – im übrigen könnte kein noch so unglücklich scheinender Name diesem Weg seinen großen Reiz streitig machen!

DIE SCHLERNHEXEN

Ganz oben am höchsten Schlerngrat soll das sogenannte »Bohnenerz« zu finden sein; es handelt sich dabei um eisenhaltige Kügelchen, welche ungefähr aussehen wie die abgestoßenen Köpfe jener Eisennägel, mit denen einst die Bauern ihre groben Schuhe zu beschlagen pflegten. Im Volke besteht der Glaube, dass diese Kügelchen von den Schuhen der Hexen stammen, die in bestimmten Nächten auf dem wilden Kar ihre bacchantischen Tänze abhalten. Anlässlich dieser furiosen Raserei, so weiß der Volksmund, verlieren die Hexen nicht nur die Nägel ihrer Schuhe, sondern sogar die Schuhe selbst und fegen sich auf dem steinigen Boden die Füße wund... es ist also nur eine Glücksfrage, wenn nicht als Hexe entlarvt wird, wer mit wunden Füßen von einem Ausflug zum Schlern zurückkehrt!

• Seiser Alm gegen Puflatsch und Kompatsch

• Der Schlern im Herbst

SEISER-ALM-WANDERUNGEN

SCHLERN UND ZURÜCK

Selbstverständlich spricht nichts dagegen, auf demselben Weg wieder ins Tal abzusteigen, der den Wanderer in die Höhe brachte; andererseits aber bietet eine »Rundtour« mindestens das doppelte Mass an Aussichten. Im Falle des Schlern kann geübten Berggehern und Frühaufstehern der »Umweg« über das »Tierser Alpl« (ausgehend von den Schlernhäusern in etwa zwei Stunden gemütlichen Marsches über einen ausnehmend schönen Höhenweg zu erreichen) wärmstens ans Herz gelegt werden; der – einfache – »Maximilian«-Klettersteig hingegen ist eine weitere Alternative für Schwindelfreie und Trittsichere.

Enzian, Edelweiss und »Schlernhexe« sind kostbare botanische Raritäten und finden sich zuhauf an den Flanken und auf dem Rücken des Schlern – eine in mehrerlei Hinsicht ganz besondere aber ist die »Schlernhexe« (Statice Alpina), von der folgende Sage geht: Einst wuchsen Gilgen, Nelken und viele andere prachtvolle Blumen. Oft blickte König Laurin aus seinem Rosengarten neidvoll auf die weithin leuchtenden Gärten der Saligen Fräulein. Als nun des Zwergenkönigs Rosengarten zertrampelt und zerstört worden war und er gebunden ins Tal geführt wurde, kam eine der schönen Saligen vom Schlern zuwege und lachte schallend über das unglückliche Königlein. Das aber rächte sich bitter an dieser und allen anderen Schlern-Saligen und ihren Gärten: Letztere verwandelte er flugs in die graue Steinwüste, die wir heute sehen, die schönen Saligen aber wurden zu den blauen Blumen, die nach der Blüte graue Zottelhaare ansetzen – die Schlernhexen.

• Blick auf die Seiser Alm und die Langkofelgruppe

DAS SCHLERNPLATEAU

Johann Santner war einer der besten Bergsteiger seiner Zeit und hat nicht nur die nach ihm benannte und als unbezwingbar geltende große Schlernspitze am 2. Juli 1880 als erster bestiegen, sondern auch noch zahlreiche andere Erstbesteigungen in den Dolomiten glücklich zu Ende geführt. Santner stammte aus Osttirol, war gelernter Uhrmacher und – durch Heirat – Wahlbozner. Aber nicht nur als Kletterer und Bergfex, sondern auch als Fachmann der Dolomitenflora (»Santnerkärtchen« mit getrockneten Alpenblumen waren bei Touristen ein begehrtes Souvenir) hatte sich Santner weit über die Grenzen seines Landes hinaus einen Namen gemacht. Nicht zuletzt war er derjenige, der sich für den Bau der »Schlernhäuser« eingesetzt und diesen schlussendlich auch durchsetzen konnte. Mehr als 400 Mal soll Santner seinen über alles geliebten Schlern bestiegen haben – dieser Berg hatte es ihm unter den vielen, die er im Laufe seines langen Lebens (er wurde 71 Jahre alt) kennenlernte, am meisten angetan.

SANTNER UND EURINGER

Längst werden die beiden das Schlernmassiv flankierenden Felstürme nur noch nach ihren Erstbesteigern – »Santner« bzw. »Euringer« benannt. Nur noch wenige erinnern sich daran, dass die beiden Felsnadeln einst »Paarl-« bzw. »Teufelsspitz« hießen und dem Volksmund als immerwährende Gefängnisse dienten für unredliche Seelen; auf den »Teufelsspitz« war der Sage nach ein Bozner Hexenmeister verbannt worden, wohingegen am »Paarlspitz« (oder Badlspitz) ein unredlicher Metzger seine zu Lebzeiten begangenen Vergehen damit büßt, dass er auf der unwirtlichen Spitze ausharren muss bis zum jüngsten Tag.

• Wanderweg zum Schlern

• Die Schlernhäuser und die Rosengartengruppe

• Kletterpartie

DIE SCHLERNHÄUSER

Weit ist der Weg zurück zu
eigenen Wurzeln weiter zu
jenen jener Menschheit, über
die man
Denkt das Gras trägt Berge und
Denker leicht schnelllebig sind
die Wurzeln so wie des Künstlers Fußabdruck am Almgrund.

(Jul Bruno Laner)

Wer das Glück hat, am Schlern einen Sonnenuntergang – oder aber ihren Aufstieg am wolkenlosen
Morgenhimmel – zu beobachten, wer auf dem
Schlernrücken sitzt und seinen Blick über Rosengarten, Rosszähne, Molignon, Lang- und Plattkofel, den Sellastock und
die Geisler schweifen lässt, der fühlt mit einiger Sicherheit
wie der junge Schriftsteller H. Fragner: »Wenn jener magi-

DIE SCHLERNHÄUSER

sche Augenblick des Tages eintrifft, der einen kleinen Spalt in die zeitlose Unendlichkeit öffnet, jener magische Augenblick, der die Diesseitswelt von der Jenseitswelt trennt, dann kann der im Geist Offene, den die Altvorderen noch Staunen gelehrt haben, dem Gesang der Elfen lauschen, das Rauschen der Fabeln hören, König Laurins Lachen vernehmen und dem Leuchten seines märchenhaften Rosengartens beiwohnen«.

DIE SCHLERNHÄUSER

wurden 1885 vom österreichisch-deutschen Alpenverein gegründet bzw. erbaut und sind damit drittälteste Schutzhütte im Dolomitengebirge. Im Hintergrund links das Rosengartengebirge und rechts die Latemargruppe.

SANTNER UND EURINGER

• Ausblick vom Schlernplateau zur Langkofelgruppe, zu den Rosszähnen und zur Rosengartengruppe

• Gipfelsieg am Santner

SEISER ALM – SCHLERNHAUS – TIERSERALPLHÜTTE

Diese Bergwanderung ist zweifellos eine der schönsten und abwechslungsreichsten überhaupt. Sie verläuft insgesamt auf guten Wegen und bietet einzigartig weite und wunderbare Ausblicke. Sie ist nicht schwierig, aber recht lang und somit für konditionsmässig gut trainierte Wanderer auch an einem Tag problemlos zu schaffen. Von Compatsch oder dem Spitzbühllift zur Saltnerhütte und von dort auf Steig Nr. 5 zu den Schlernhäusern. Von hier auf Weg Nr. 4 zur Tierser Alpl-Hütte und durch die Rosszahnscharte zurück auf die Seiser Alm.

Wer den Anstieg auf den Schlern geschafft und sich – vielleicht – auf den würzig-duftenden Wiesen die Höhensonne auf den Bauch hat scheinen lassen, wird – wahrscheinlich – auch in den berühmten Schlernhäusern vorbeischauen wollen, die sich, grau in grau, perfekt in die Felslandschaft integrieren. Danach, so noch Zeit bleibt und der Wanderer nichts Größeres mehr vor hat, sollte der Aufstieg auf den Petz in Betracht gezogen werden: Dieser »Buckel« auf dem Schlernrücken ist mit 2.564 Metern die höchste Erhebung des Massivs und bietet eine wahrlich umfassende Schau auf Dolomiten, Zentral- und die südlichen Urgesteinsalpen. Dieser Aussichtsgipfel liegt nördlich des Schlernhauses und ist, von diesem ausgehend, auf breitem Fussweg in etwa 30 Gehminuten bequem zu erklimmen. Unter naturgeschichtlichen Aspekten muss im Zusammenhang mit dem »Pez« angemerkt werden, dass er Teil der letzten Schicht mesozoischer Sedimente auf dem Schlern ist: Der helle, betont waagrecht gegliederte Dachsteindolomit ist durch Verwitterung zumeist in eine Masse loser Blöcke aufgelöst und legt die darunterliegenden, deutlich geschichteten und mergelig-kalkigen »Raibler Schichten« (auch Schlernplateauschichten genannt) frei, welche den größten Teil des Schlernplateaus einnehmen.

• Am Gipfel des Santner

JOHANN SANTNER (1840–1912). Erfolgreichster führerloser Südtiroler Erschließer der Westdolomiten der klassischen Zeit

• links: Santner und Euringer im Abendlicht
• Kletterpartie am Santner

GRÖDEN UND SELLA

Rund um die Langkofelgruppe ins Grödental

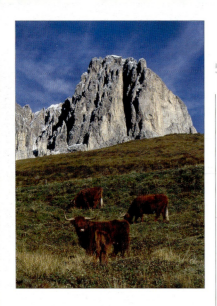

PASS-STRASSEN

Mythisch auch die Straßen, die über diese Berge führen: Die Große und die Kleine Dolomitenrundfahrt zählen zu Recht zu den schönsten Straßenabschnitten der Welt.

Die Seiser Alm und ihre Berge sind das südliche Herzstück der Dolomiten. Als Tor zu den Dolomiten in ihrer ganzen, gewaltigen Größe und damit zu der Welt der Ladiner fungiert gewissermaßen das Fassajoch zu Füßen des Plattkofels: Gegen Süden liegt das Fassatal mit seiner Königin, der Marmolata; nach Norden zu ist, hinter den gewaltigen Sellastöcken, das Abteital das Verbindungsstück zu den Pustertaler Dolomiten und gegen Sonnenaufgang schmiegt sich das Grödnertal an die Flanken des Sella und des Langkofels. Zahllose, gut ausgebaute Wanderwege und -steige erschließen diese Bergwelt in all ihrer Vielfalt. Die Umrundung der Langkofelgruppe, ausgehend von der Plattkofelhütte, führt über den bekannten Friedrich-August-Weg zur S.-Pertini-Hütte und weiter zur Friedrich-August-Hütte. Weiter geht es zur Forc. Col Rodella (2318 m), um dann das Sellajochhaus zu erreichen. Unter den steilen Wänden des Langkofels geht es durch das Blockgewirr der »Steinernen Stadt« zum Schutzhaus »E. Comici«. Einige Schutthalden überquerend, führt der Weg zum Piz Ciaulong empor, von wo aus man das Grödental erblicken kann.

• rechts: der Langkofel gegen das Grö

• Gegen die Marmolata

• Die Sellatürme

• Am Sellajoch • unten: die Langkofelgruppe im Morgenlicht

DAS GRÖDENTAL

• Der Sellastock

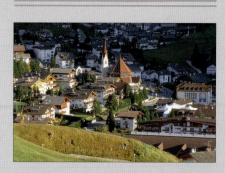

WOLKENSTEIN

Das Dorf liegt auf 2.563 m und hat 2.500 Einwohner; der Hauptwirtschaftszweig des Ortes ist heute der Tourismus, wobei dem Wintertourismus besondere Bedeutung zufällt.

Das quirlige Dorf am Grödner Talschluss hat seinen Ruhm nicht umsonst: Als wäre er urplötzlich aus dem Boden und in die Höhe geschossen, steht rechter Hand der Langkofel über dem Dorf wie ein steinerner Wächter, während nach Norden der massige Sellastock den Blick zum Himmel lenkt. Vor allem Wintersportler-Herzen aber schlagen höher, kaum dass der Name »Wolkenstein« fällt: Die mythische »Sella-Ronda« und andere Skipisten mit Weltcup-Niveau haben diesen Namen aus dem engen Tal in alle Welt hinaus getragen und das Dorf und seine Berge untrennbar mit die Herzen zahlloser Bergliebhaber verbunden.

Der mächtige Sellastock hat übrigens einer der berühmtesten Ski-Tagestouren seinen Namen gegeben: Die »Sella-Ronda«, zu deutsch die »Sella-Umrundung«, gehört mit zum Schönsten, was der Skifahrer erleben kann.

• Wolkenstein gegen den Sellastock

• rechts Wolkenstein

DAS GRÖDENTAL

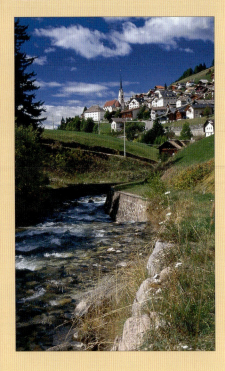

• St. Christina mit den Cirspitzen

St. Christina liegt zwischen Wolkenstein und St. Ulrich, ist sozusagen das mittlere der schönen Geschwister. Die unmittelbare Nähe des Dorfes zum berühmten »Troj Paian« (»Heidenweg«), einem vorgeschichtlichen Höhenweg, lässt ahnen, dass hier schon sehr früh eine Siedlung bestanden haben könnte. Dafür spricht auch, dass die Pfarrkirche die erste geweihte, christliche Kirche des Tales zu sein scheint. Nicht zuletzt ist die St. Jakobskirche, dem Beschützer der Wanderer und Pilger, der Überlieferung zufolge die älteste des Grödner Tales; sie ist nur zu Fuss (von St. Christina aus in ca. 1,5 Stunden) auf einem lohnenden Steig zu erreichen.

ST. CRISTINA

Ciampinoi, die berühmt-berüchtigte Weltcup-Piste Col Raiser, Monte Pana – der direkte Verbindungsweg zur Seiser Alm – und Seceda heißen die Pisten und Berge, die den Namen von St. Christina in die Welt hinausgetragen

haben und sowohl im Sommer wie im Winter zahlreiche Gäste und Erholungswillige aus aller Welt hierher bringen.
War St. Christina noch vor wenigen Jahrzehnten ein unbedeutendes, namenloses Bergdorf, so ist es heute ein blühendes Ferienzentrum mit zahlreichen Anziehungspunkten sowohl kultureller als auch landschaftlicher Natur.

• rechts: Die Fischburg

DAS GRÖDENTAL

Am Taleingang gelegen, bewacht der Hauptort St. Ulrich gleichsam den Zugang zu der mythischen Welt der Ladiner und der landschaftlichen Schätze, die das Tal zu bieten hat. Über die Jahre hat St. Ulrich sich zu einem modernen, von pulsierendem Leben erfüllten Städtchen entwickelt, dessen Kultur-, Freizeit- und Sportangebot so manches Urlauberherz höher schlagen lässt. Besonderen Charme strahlt der Dorfkern mit seinen schönen, liebevoll gestalteten Häusern aus, bei deren Betrachtung der Besucher unmittelbar erkennt, wie groß der Respekt der hier beheimateten Menschen für ihre kulturelle Vergangenheit ist und wie sehr sie an ihrer Heimat hängen.

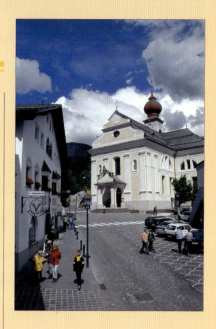

ST. ULRICH

Das eigentliche Herz von St. Ulrich ist der weitläufige Antoniusplatz; dem Hl. Antonius von Padova, dem beliebten und großmütigen »Volksheiligen«, ist die hübsche Kirche mit dem Dachreitertürmchen geweiht.
Sie ist ein äußerst beliebtes Fotomotiv.

• Die Grödner Tracht

• Raschötz gegen die Geisler

• Der Grödner Hauptort St. Ulrich

DAS GRÖDENTAL

RASCHÖTZ

Die aus Quarzporphyr geformte Kuppe der Außerraschötz über St. Ulrich gilt unter Kennern als der Aussichtsberg des Grödner Tales schlechthin. Die umfassende Schau über die Grödner Berg-

welt, Seiser Alm, Brentagruppe, Presanella, Ortler, Ötztaler, Stubaier und Zillertaler Alpen wird ohne auch nur den geringsten Zweifel jeden begeistern! Der Aussichtspunkt ist im übrigen per Sesselbahn von St. Ulrich bequem zu erreichen und auch im Winter beliebt, zumal eine schöne Rodelpiste zurück ins Tal führt.

Der Besucher kann sich angesichts der ausnahmslos steilen Hänge und Wiesen lebhaft vorstellen, wie beschwerlich das Leben im Tal gewesen sein muss, bevor der Tourismus der Bevölkerung neue Erwerbsquellen erschloss. Tatsächlich entstand aus dieser Not das heute weltberühmte Kunsthandwerk der Holzschnitzer. Überall dort jedoch, wo der Fremdenverkehr die Landschaft so gut wie unberührt gelassen hat – an den höher gelegenen, steilen Flanken des Sonnenhangs zum Beispiel – erschließt sich dem Besucher eine traumhaft schöne, großteils unberührte Natur mit blumenübersäten Wiesen, wie sie andernorts längst schon verschwunden sind. Der Anblick der kleinen, bescheidenen Hofstellen, an deren Aussehen sich seit Hunderten von Jahren kaum etwas geändert zu haben scheint, von Brücken und Stegen, die zu den ältesten im Tal gehören beschwört mühelos Bilder einer längst vergangenen, stillen Welt herauf – während nur wenige Höhenmeter tiefer unten im Tal das moderne Leben brodelt, mit all seinen Annehmlichkeiten und Vorzügen.

• unten: Der Langkofel

DAS GRÖDENTAL

• Bekannte Einkaufsstrasse

Einst bewohnten die Ladiner den gesamten Alpenkamm, vom Ursprung der Donau bis zur Adria. Archäologische Funde deuten darauf hin, dass die Räter, also der Ladiner Urahnen, schon um etwa 8.000 v. Chr. damit begonnen hatten, in dieser Landschaft zu siedeln. Um 15. v. Chr. wurden die Räter von den Römern unterworfen; über die nun folgenden Jahrhunderte wurde die Ursprache stark vom römischen Volkslatein durchdrungen und somit das Ladinische, wie es heute noch gesprochen wird, geboren. In den abgeschiedenen, schwer zugänglichen Dolomitentälern Abtei, Gröden, Fassa, Ampezzo und Buchenstein hat sich diese schöne, alte Sprache über die Jahrhunderte ihr Wesen bewahren können, wobei das Grödner Ladinische jenes ist, das sich am reinsten und schönsten erhalten hat.

Im »multikulturellen« Südtirol wird das Ladinische als eigenständige Sprachgruppe selbstverständlich offiziell anerkannt und auch gefördert: So sind zum Beispiel die ladinischen Täler durchgehend dreisprachig ausgeschildert, sämtliche öffentlichen Texte werden dreisprachig verfasst und nicht zuletzt wird den Ladinern auch im regionalen Fernsehen eigener Raum zugestanden; dass dem so ist, ist nicht zuletzt dem selbstbewussten Auftreten der Ladiner und ihrem tief verwurzelten Kulturbewusstsein zu verdanken – diesen wiederum verdankt Südtirol einen wertvollen Farbtupfer mehr in seiner völkischen Vielfalt.

DIE GRÖDNER TRACHT

Die Trachten der Grödner gehören mit zum Schönsten und Wertvollsten, was Südtirol an solchen zu bieten hat. Die Vielfalt und Farbenpracht der historischen und traditionellen Gewänder ist u. a. darauf zurückzuführen, dass die Grödner während der einst kargen Zeiten mit ihren Schnitzereien und ihrem Holzspielzeug das Tal verließen, um ihre Ware draußen in der Welt, wo Bedarf dafür entstand, loszuschlagen; anlässlich dieser mehrmonatigen, manchmal sogar mehrjährigen Fahrten lernten sie als Wanderhändler nicht nur zahlreiche europäische Länder kennen, sondern auch modische Einflüsse, Stoffe und Zierrat und brachten diese zurück in ihr Tal. Heute werden die traditionsreichen Gewänder zwar nur noch zu besonderen Anlässen, d. h. eher selten getragen, gleichwohl ist ihr Stellenwert im kulturellen Bewusstsein der Grödner ungemindert.

DIE ANTONIUSKIRCHE

Am Hauptplatz des Dorfes liegt die Antoniuskirche aus dem Jahre 1673, die mit ihrem Dachreitertürmchen ein reizvolles Motiv für den Sucher der Kamera darstellt. Beachtenswert im Kircheninneren ist das Altarbild des Kirchenpatrons und beliebten Volksheiligen, Hl. Antonius von Padova.

• Noble Gastbetriebe im Zentrum

• Die Antoniuskirche am gleichnamigen Platz

• Grödner Trachtenpaar

SEIS AM SCHLERN

Dank seiner bevorzugten Lage und der schönen Umgebung konnte sich Seis am Schlern schon eines klingenden Namens rühmen, als andernorts in Südtirol der Tourismus noch in den Kinderschuhen steckte. Besonders die zahlreichen Mitglieder des russischen Hochadels, die Anfang des 19. Jahrhunderts aus ihrer Heimat fliehen mussten und hier Schutz fanden, trugen in hohem Maße zur wachsenden Beliebtheit des kleinen Dorfes und seinem Ruhm als Luftkurort bei. Gekrönte Häupter aus ganz Europa, Musiker, Schriftsteller und andere geistige und politische Größen der damaligen Zeit fanden im Gefolge der russischen Adligen ihren Weg unter den Schlern und verhalfen so dem Dorf zu seinem raschen Aufstieg in den Olymp der Erholungssuchenden.

DIE »MARIA-HILF-KIRCHE«

entwickelte sich schon bald nach ihrer Erbauung (17. Jhd) zu einer beliebten Wallfahrtskirche, die dem jungen Dorf regen Zulauf beschwerte und so in bedeutendem Maße zum raschen Wachstum desselben beitrug.

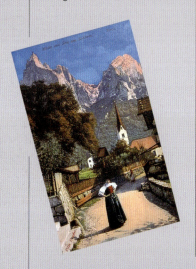

• Frohnleichnamsprozession in Seis

• Der Schlern im Abendglühen

• rechts: Seis gegen Schlern und Santnerspitze

SEIS UND UMGEBUNG

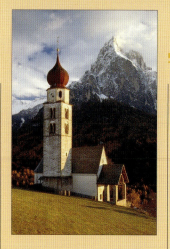

FOTOMOTIV
Ein ebenso klassisches wie beliebtes Fotomotiv ist das reizvolle St.-Valentins-Kirchlein vor der beeindruckenden Santnerspitze.

Eine systematische Erforschung der früheren Geschichte des Dorfes ist bis heute so gut wie nicht erfolgt; in den Jahren von 982 bis 987 scheint der Name »Siusis« zum ersten Mal in historischen Dokumenten auf, und zwar anlässlich eines Tausches von Ländereien zwischen den Bischöfen von Augsburg und Brixen. Doch noch im 13. Jahrhundert scheinen hier nicht mehr als drei Hofstellen bestanden zu haben. Vor allem aber fehlte eine Kirche, die jedem Dorf erst seine Identität bzw. Existenzberechtigung gibt. Bis ins 17. Jahrhundert hinein musste die Bevölkerung für ihre Gottesdienste mit den Schlosskapellen auf Hauenstein und Salegg vorliebnehmen und »entstand« als Dorfgemeinschaft demzufolge erst mit der Weihung der Maria-Hilf-Kirche (17. Jhd.) die aber schon bald durch einen größeren Neubau ersetzt werden musste.

• Seis am Schlern

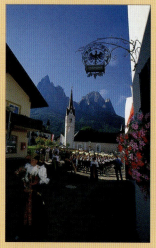

• Prozession

SEIS UND UMGEBUNG

Es war einmal, vor langer Zeit, an den Hängen des Puflatsch und dort, wo heute die Örtlichkeit »Trotz« liegt, eine große Stadt, deren Bewohner mit viel Fleiß und Rechtschaffenheit so großen Reichtum anhäufen konnten, dass ihre Stadt bald nur noch »Die Goldene Stadt« genannt wurde. Schon bald aber beherrschten Habgier und Geiz die Bewohner dieser einst glücklichen Stadt, und sie vergaßen völlig auf ein gottgefälliges Leben. Als nun das sündige Leben in Trotz endgültig Überhand nahm, ließ der Schöpfer in seinem gewaltigen Zorn eine mächtige Flutwelle aus der hohen Puflatschwand hervorbrechen und über Trotz niedergehen, sodass die Goldene Stadt augenblicklich fortgeschwemmt wurde und auf immer vom Angesicht der Erde verschwunden war. Die goldene Glocke dieser mythischen Stadt wurde sehr viel später wiedergefunden und in St. Valentin geläutet, von wo sie aber seit langem schon wieder verschwunden ist.

WIEWOHL

der Gemeinde Kastelruth zugehörig, hat Seis sich zu einem recht eigenständigen Dorf entwickelt. Seine Bevölkerung legt größten Wert darauf, sich »abzugrenzen« vom Hauptort: Dieser Wunsch findet in der Tracht, die an vielen Merkmalen als »die Seiser Tracht« zu erkennen ist, seinen schönsten Ausdruck.

• Seis gegen die Rosszähne

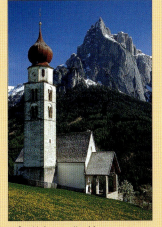

• St.-Valentins-Kirchlein

SEIS UND UMGEBUNG

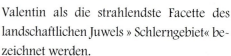

St. Valentin

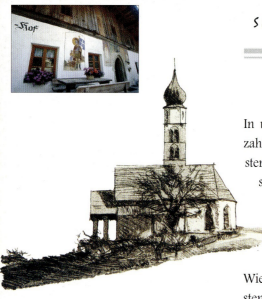

In und rund um Seis am Schlern gibt es zahlreiche, idyllische Flecken, deren schönster und reizvollster allerdings und zweifelsohne St. Valentin ist. Die Streusiedlung liegt in luftigen 1.114 m Höhe auf einem herrlichen Sonnenhang – die hier angesiedelten Höfe mit ihren weiten, satten Wiesen gehören seit jeher zu den stattlichsten im gesamten Schlerngebiet. Von der Anhöhe um St. Valentin aus bietet sich dem Besucher und Wanderer ein herrlicher Blick auf das darunter liegende, in eine sanfte Talmulde sich schmiegende Seis, den massig darüber aufragenden Schlern und nicht zuletzt auf den weiten Bozner Talkessel und die großartige Bergwelt, die ihn umschließt. Wanderungen, die St. Valentin mit einschließen – und es gibt deren zahlreiche –, gehören zu den schönsten im Schlerngebiet und sollten demzufolge in keinem »Urlaubsprogramm« fehlen: Ohne weiteres kann St. Valentin als die strahlendste Facette des landschaftlichen Juwels »Schlerngebiet« bezeichnet werden.

ALTE GEHÖFE

Zu den ältesten und geschichtsträchtigsten Höfen des Gebietes zählt der »Psoarhof« in St. Valentin, dessen der Straße abgewandte Fassade von ungewöhnlich schönen und gut erhaltenen Fresken geziert wird.

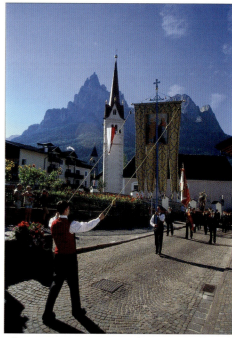

• Seiser Kirche

• Prozessionsumzug

• St.-Valentin-Kirchlein oberhalb von Seis gegen das Schlernmassiv

• rechts: Das Kirchlein St. Valentin gegen Puflatsch

ST. VALENTIN

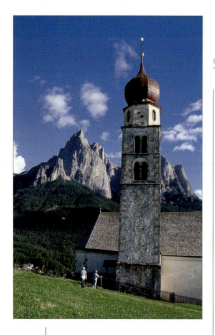

• St.-Valentin-Kirchlein von oben

Kaum ein Südtiroler Kunstführer, in dem das Kirchlein zu St. Valentin nicht lobende Erwähnung fände: Es stammt aus dem Jahre 1244, sein heutiges Aussehen dürfte der zierlich anmutende Bau aber erst Anfang des 15. Jahrhunderts erhalten haben: Früh- und Spätgotik haben ihm vorzüglichen Wandschmuck beschert. Die schönen Südwandfresken sind ein hervorragendes Beispiel für die nahtlose Verschmelzung nordischer Themenkonzeption und südlicher Körper- sowie Farbauffassung in weicher »Tonmodellierung.« Das kostbare Altarwerk von St. Valentin (um 1510, Brixner Schulkreis um H. Klocker) musste aus Sicherheitsgründen deponiert werden. Die Kirche selbst ist aus eben denselben Gründen großteils abgeschlossen, kann aber zu festgesetzter Zeit besichtigt werden – es lohnt sich nicht nur für Kunstinteressierte, »St. Valentin« und seiner Kirche einen Tag zu reservieren!

• Seis am Schlern

DIE TRACHTEN

• Musikkapelle von Seis

• Prozession

PERSPEKTIVE(N)

»Als das am schönsten gelegene Gotteshaus kann wohl jenes zum hl. Valentin oberhalb Seis angesehen werden; in keiner anderen Perspektive ist der bezaubernde Kontrast zwischen sanften Wiesenmatten und dem Wahrzeichen Südtirols, dem Schlern, großartiger zu erleben als von dieser »Insel« aus«

(M. Frei)

Auch in Seis werden, wie überall im Schlerngebiet, selbstverständlich Tradition und altüberlieferte Bräuche in hohen Ehren gehalten; zu verschiedenen festlichen Anlässen, Umzügen und Prozessionen werden die schönen Trachten aus den Truhen geholt, unter welchen wiederum jene der Schützenkompanie durch ihre besondere Festlichkeit hervorsticht. Aber auch die Tracht der Musikkapelle ist unverkennbar jene der »Seiser«: Unter anderem die »Schmelbm«, das fedrige, weiße »Gebüsch«, das den Hut der Musikanten ziert, distanziert seinen Träger ebenso deutlich wie unmissverständlich von den Mitgliedern jeder anderen Südtiroler Musikkapelle. »Je mächtiger »der Schmelbm, desto schneidiger der Bursch« – nach diesem Motto zogen einst die jungen Musikanten hinunter nach St. Oswald – nur hier wächst nämlich diese eigenartig anmutende Grassorte – um ihren Hutschmuck mit eigener Hand zu pflücken.

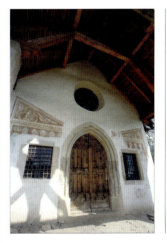

• St.-Valentin-Kirchlein gegen Puflatsch im Herbst

109

Die Ruinen um Seis

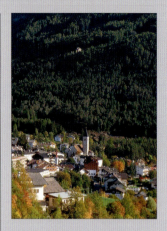

DAS WILDE GEJAIDE

Vom Allerseelentage bis zur Christwoche kommt, aus dem Sulz- und dem Nonstal, seit Urzeiten das »Wilde Gejaide« über den dunklen Hauensteiner Tann und verschwindet hinter dem Burgstall (Schlern). Wer nur nah genug dran ist, hört deutlich das Hallo der nächtlichen Reiter, den Ruf ihrer Hörner, das laute Gebell der Meute und den schaurigen Spruch des Wilden Jägers, der auf schwarzem, fünfbeinigem Rosse voranreitet (»... Was ich auf meinem Wege find', würg' ich, Mann und Weib und Kind! Dass mir niemand komme nah.«)

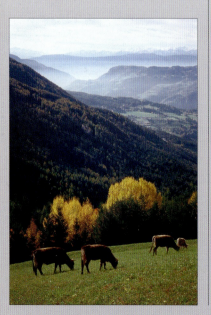

Die einstige Wohnstatt des »einäugigen« Dichters, Musikers, Diplomaten und verwegenen Haudegens Oswald von Wolkenstein (1377–1445) steht auf einem isolierten Dolomitblock direkt unter der Santnerspitze; die schwer einnehmbare und ansonsten recht unfreundliche Lage deutet darauf hin, dass der Standort aus Sicherheitsgründen gewählt wurde bzw. die Burg Verteidigungszwecken dienen sollte. Burg Hauenstein geht auf das 12. Jahrhundert zurück und war ursprünglich Besitz der Herren von Hauenstein, bevor sie auf das Geschlecht der Wolkensteiner überging. Hier also lebte und wirkte ab 1407 einer der begabtesten Künstler seiner Zeit. Anlässlich dessen 600. Geburtstags wurde die Burgruine restauriert und vor weiterem Verfall bewahrt, der seit dem frühen 17. Jahrhundert an ihr nagte.

Auf keinen Fall sollten Sie sich einen Spaziergang zur Ruine Hauenstein nehmen lassen; von der Burg aus bietet sich ein wunderbarer Ausblick. Der Weg Nr. 8 führt von Seis über den Frötschbach und von dort in den düsteren Hauensteiner Wald, durch den der Weg zur Ruine in vielen Windungen emporführt.

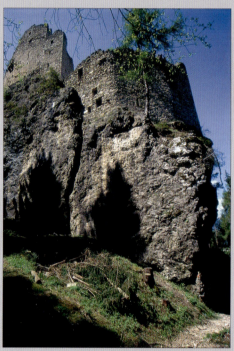

• Gegen Ruine Salegg und Schlern

• Burgruine Hauenstein oberhalb Seis

• Ruine Hauenstein gegen St. Valentin

RUINE SALEGG

• Ruine Aichach

Unweit von Hauenstein liegt die Ruine Salegg, deren spärliche Überreste erst kürzlich freigelegt und somit davor bewahrt wurden, vollständig in Vergessenheit zu geraten. Über die Geschichte der einstigen Burg ist nur wenig bekannt, es sieht aber so aus, als wären die Herren von Salegg – eine Zweiglinie der Kastelruther und seit dem 12. Jahrhundert verschiedentlich erwähnt – ihre Erbauer und Besitzer gewesen. Die spärlichen Mauerreste lassen einen Umbau der Burg im 15. Jahrhundert erkennen – warum sie dann verfiel, ist freilich gänzlich unbekannt.

DIE RUINE »AICHACH«

Senkrecht über der düsteren Schlucht des Schwargriesbaches steht die dritte der geschichtsträchtigen Burgruinen des Schlerngebiets: Die Ruine Aichach. Die Herren von Aichach wurden schon im 12. Jahrhundert urkundlich erwähnt, allerdings erlosch diese Linie wahrscheinlich schon im 16. Jhd. nach erbitterten Streitigkeiten mit den Herren von Kas-

telruth. Die Burg wurde danach den Besitztümern der Kastelruther einverleibt (bis 1741), die jedoch aus nicht überlieferten Gründen dem Verfall überließen. Schon 1618 berichtete der Historiker Max Sittich von Wolkenstein über das »zerfallen Schloss Aichach«.

• Der Schlern mit Ruine Salegg

• Ruine Hauenstein

MALENGER MÜHLE

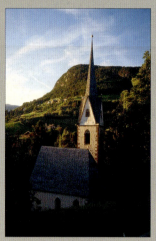

• Die St.-Vigil-Kirche

MYTHEN UND LEGENDEN

Aufgrund seiner wahrhaft besonderen und einzigartigen Lage ranken sich zahlreiche Legenden um den kleinen Kirchenbau zu St. Vigil, deren schönste besagt, dass St. Vigil einst in der »Goldenen Stadt Trotz« oberhalb von Seis gestanden hatte. Aufgrund des sündigen Lebens der Be-

wohner jedoch soll ihre Stadt nach Gottes Willen von gewaltigen Wassern und Erdmassen zu Tal gerissen worden sein und auf diese Weise für immer vom Antlitz der Erde gelöscht. Nur die Kirche kam just dort, wie sie heute noch steht und wunderbarerweise gänzlich unversehrt zum Stillstand. Möglich ist aber auch, dass an der Stelle der Kirche sich einst eine prähistorische Kultstelle befand, an der die aufgehende Sonne verehrt wurde.

Nicht zuletzt sollte, im Zusammenhang mit der Umgebung von Seis, St. Vigil erwähnt werden – ist doch die Landschaft hier besonders anmutig und reizvoll. Der Weiler besteht an und für sich aus nicht mehr als seiner Kirche und einigen Hofstellen, die allerdings großräumig über die schönen Wiesen verstreut sind. Die Kirche zu St. Vigil wurde 1353 erbaut und schon bald darauf durch einen mächtigen Erdrutsch vollständig zerstört. Im 15. Jahrhundert wurde das kleine Gotteshaus neu errichtet – ungeklärt ist, warum dies ausgerechnet an dermaßen ungewöhnlicher Stelle geschah. Doch nicht nur ihre ungewöhnliche Lage rechtfertigt einen Besuch der Kirche allemal: Besonders sehenswert sind die Figuren und grotesken Masken, die das Kircheninnere schmücken, ebenso wie der schöne Altar aus dem 16. Jahrhundert. Die Skulpturen mussten leider aus Sicherheitsgründen entfernt werden.

• Die Malenger Mühle im Herbstlicht

ALTE TRADITION

Die Malenger-Mühle

Von den zahlreichen Mühlen, deren Räder einst über den Bächen und Wassern im Schlerngebiet klapperten, ist die »Malenger-Mühle« in St. Vigil die einzige, die nicht nur die Jahrhunderte gänzlich unbeschadet überstanden hat, sondern darüberhinaus auch heute noch wie eh und je betrieben wird. Bereits im 15. Jahrhundert wurde die Malenger-Mühle zum ersten Mal urkundlich erwähnt, es ist jedoch sehr wahrscheinlich, dass sie um einiges älter ist. Der heutige Bauer und Müller, dessen Familie schon seit vielen Generationen im Besitz dieser Hof- samt Mahlstelle ist, hält das Werk seiner Ahnen unter enormem Kraft-, Zeit- und nicht zuletzt finanziellem Aufwand am Leben – will heißen, hier wird eigenhändig gebautes Korn gemahlen, nach allen Regeln alter Müllerskunst und -tradition.

Malengermühle, Aichach und der Kräutergarten vom Pflegerhof

Ein schöner Erlebnis-Wanderweg führt von Seis zur »Malengermühle« und hinunter zur Ruine Aichach, an deren antikes Gemäuer sich der »Pflegerhof« anlehnt. Seit mittlerweile mehr als 20 Jahren werden hier mehr als 100 sowohl einheimische als auch exotische Kräuter, Heil- und Nutzpflanzen biologisch angebaut und zu köstlich-wohltuenden Produkten verarbeitet. Der Wanderweg Nr. 7 führt über das sagenbehaftete »Böstal« (ja, das böse Tal...) hinauf nach Telfen oder (Nr. 5b oder Nr. 2) direkt nach Kastelruth.

»Was früher als Abfall an die Hühner ging, wird heute ins Brot gebacken«, sagte verständnislos der Müller, während er nachdenklich sein makellos-weißes Mehl betrachtet...

• Die Malenger Mühle unterhalb von Seis

FRAKTIONEN

St. Oswald

Der südlichste – und vielleicht auch lieblichste – aller Weiler der Gemeinde Kastelruth ist St. Oswald, dessen Gründung auf das 2. vorchristliche Jahrtausend zurückgeht. Auf nur 743 Höhenmetern liegt die winzige Streusiedlung, die noch 1960 durch keinsterlei Fahrstraße, sondern lediglich über einen Karren- bzw. Fußweg mit der Außenwelt verbunden war. Letztere Tatsache hat natürlich in bedeutendem Maße dazu beigetragen, dass der ursprüngliche, ländlich-idyllische Charakter des Dorfes nahezu unverändert die Jahrhunderte überdauerte und der Weiler sich dem Wanderer und Besucher auch heute noch als recht authentisches Bild von der Struktur und Beschaffenheit des dörflichen Lebens unserer Vorfahren vorstellt.

Viele Wege führen nach St. Oswald, von denen ohne weiteres gesagt werden kann, dass sie einer wie der andere zu den schönsten des Schlerngebietes zählen und auf jeden Fall höchst reizvolle Alternativen darstellen zu den Wanderungen weiter oben im Gebirge; ganz besonders im Frühjahr, wenn auf der Seiser Alm und den Bergen noch der Schnee leuchtet, in St. Oswald aber schon die ersten Bäume ihr Blütenkleid übergeworfen haben, bietet die schöne Landschaft ebenso traumhafte wie überraschende und ungewöhnliche An- und Ausblicke.

TÖRGGELEN IN ST. OSWALD

Bedingt durch das milde Klima, von dem St. Oswald gesegnet ist, wachsen hier von der Traube bis zur Kastanie sämtliche Früchte, die untrennbar mit dem schönen Brauch des herbstlichen »Törggelens« verbunden sind. So gibt es traditionsgemäß in St. Oswald gar einige schöne Höfe, in deren ge-

mütlichen Stuben den herbstlichen Genüssen gefrönt werden kann. Dieser schöne Brauch hat natürlich mit »Torkeln« nichts zu tun, vielmehr geht er darauf zurück, dass einst die Bauern nach der arbeitsintensiven Erntezeit ein wenig Ruhe und die Früchte ihrer Arbeit genießen wollten. Zu diesem Zwecke begaben sie sich auf Wanderschaft zu mehr oder minder benachbarten Hofstellen und versammelten sich dort in der guten Stube, tauschten Erfahrungen und Neuigkeiten aus und genossen, was Küche und Keller an herbstlichen Köstlichkeiten hergaben. Daran hat sich seither nichts geändert – nur wandern tut heute kaum noch jemand zum Törggelehof. Schade – bei diesen herbstlichen Lustpartien sollten nämlich Promille-Sorgen keine Rolle spielen dürfen!

ST. OSWALD

• Innenansicht des St.-Oswald-Kirchleins, gebaut in der Bronzezeit

• St. Oswald im Herbst

DIE EISLÖCHER IN ST. OSWALD

Ein besonderes Kunststück der Natur sind die sog. Eislöcher in St. Oswald: Die Luft, die in den Steinblöcken fließt, bleibt am Boden liegen, und sorgt so dafür, dass auf engstem Raum schier unglaubliche Temperaturunterschiede entstehen und Pflanzen der unterschiedlichsten Vegetationszonen friedlich nebeneinander existieren. Die Eislöcher liegen in der »Madrunglfuchsboden« genannten Wiese und sorgen auch im Hochsommer für kalte Füsse...

Die Grundsteinlegung für die Kirche zu St. Oswald erfolgte in romanischer Zeit. Während der gotischen Kunstepoche und dank der wohl großzügigen finanziellen Unterstützung der Wolkensteiner (und der Beiträge des Minnesängers Oswald?!) wurde das Kirchlein umgebaut und erhielt seine wunderschönen Wandmalereien, die der Schule des Meisters Leonhard von Brixen (gest. 1476) zugeschrieben werden und erst jüngst gründlich renoviert wurden. Besondere Beachtung verdient auch das gotische Rippengewölbe bzw. dessen siegelförmiger Schlussstein, der den Kirchenpatron St. Oswald im Relief darstellt. Einer der Renaissance-Pfeiler trägt übrigens die Inschrift 1521, welche sich wohl auf die Bautätigkeit der Wolkensteiner bezieht.

• Der Altar des St.-Oswald-Kirchleins

DAS REITSPEKTAKEL UNTERM SCHLERN

DER OSWALD-VON-WOLKENSTEIN-RITT

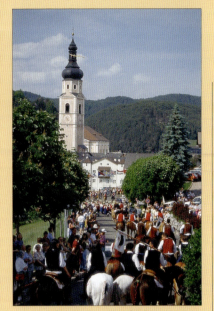

• Ritturnzug in Kastelruth

DREI TAGE LANG

wird auf dem Hochplateau gefeiert: Das mittelalterliche Rahmenprogramm und vor allem die Eröffnungsfeierlichkeiten am Freitag sind mittlerweile nicht minder attraktiv als der sportliche Teil des Rittes am Sonntag.

Wie so viele große Ideen ist auch jene zum Oswald-von-Wolkenstein-Ritt am Wirtshaustisch entstanden, vor über 20 Jahren und in dem Wunsch des Erfindertrios, ein schönes, »grenzübeschreitendes« Pferdefest für die gesamte Bevölkerung des Schlerngebiets auf die Beine zu stellen. Dass sich ihre »Schnapsidee« zu einem inhalts- und zahlenmässig derartig grandiosen Schauspiel auswachsen würde, hätten die Erfinder des Rittes – H. P. Demetz, V. Pramstrahler und H. Tschugguel – wohl selbst in ihren kühnsten Träumen nicht zu hoffen gewagt. Tatsache ist, dass auch nach zwei Jahrzehnten der Ritt weder Ermüdungserscheinungen zeigt noch sonst in irgendeiner Weise an Faszination eingebüßt hat – ganz im Gegenteil: Jahr für Jahr wächst die Zuschauerzahl und immer wieder nimmt die Bevölkerung regen Anteil am Jubel, am Weh oder Ach der Teilnehmer und am Siegestaumel der glücklichen Gewinner.

Auch am Wesen des Rittes bzw. den Aufgaben der Teilnehmer hat sich in den 20 Jahren seines Bestehens nichts geändert: Ausgehend von der Trostburg über Waidbruck müssen die ReiterInnen in Vierergruppen eine Wegstrecke von gut 15 km auf dem Rücken ihrer Pferde zurücklegen, und dabei in Kastelruth, in Seis, am Völser Weiher und auf Schloss Prösels technisch anspruchsvolle Turnierspiele bestreiten.

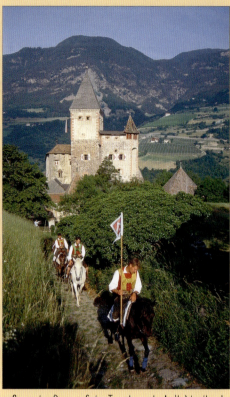

• Start des Ritts auf der Trostburg oberhalb Waidbruck

• Die Trostburg oberhalb Waidbruck

DAS RINGSTECHEN

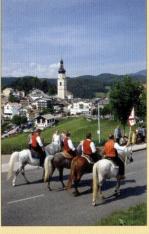

• Ringstechen am Kofel

Die verschiedenen Turnierspiele des Wolkensteinritts, insgesamt vier an der Zahl, wurden den Ritterspielen aus dem Mittelalter nachempfunden, auch wenn es heute naturgemäß etwas gemäßigter zugeht.

DAS RINGSTECHEN

ist die erste, sportlich-ritterliche Herausforderung, der sich die Reiter in den frühen Morgenstunden in der besonders reizvollen Umgebung am Kastelruther Kofel zu stellen haben. Dieser erste der vier Wettkämpfe ist äußerst schwierig und stellt höchste Anforderungen an Pferd und Reiter. Die Bilder sind dementsprechend spektakulär.

• Erstes Reitturnier am Kofel, das Ringstechen

DER LABYRINTHRITT

• Die Bürgermeister der Schlerngemeinden

Nachdem die Reiter das erste Turnierspiel am Kastelruther Kofel bestritten haben, ziehen sie über St. Valentin hinunter nach Seis, wo sie auf der »Matzlbödele« genannten Waldlichtung das »Labyrinth« erwartet; die besondere Herausforderung dieses zweiten Spieles besteht darin, dass Tier und Mensch äußerst präzise zusammenarbeiten und jede Bewegung harmonisch aufeinander abstimmen müssen – bei möglichst hohem Tempo. Nur wenigen Meistern dieses schönen Sports gelingt es, auch diese Etappe im gestreckten Galopp fehlerlos hinter sich zu bringen – hohes reiterisches Können und äußerste Konzentration vorausgesetzt!

DER PFERDESPORT

Der Oswald-von-Wolkenstein-Ritt hat im Schlerngebiet sehr zur Renaissance des Pferdesports beigetragen.

• unten: das Labyrinthturnier in Seis

• Festlicher Umzug

DER OSWALD-VON-WOLKENSTEIN-RITT

Bei allem sportlichen Ehrgeiz – der Spass kommt beim Oswald-von-Wolkenstein-Ritt nie zu kurz: Bei kaum einer anderen sportlichen Veranstaltung dieser Größenordnung – und mittlerweile auch Bedeutung – wird die olympische Devise »Dabeisein ist alles« in ihrer ursprünglichen Bedeutung dermaßen konsequent akzeptiert und angewandt. Das gilt übrigens auch für Zuschauer, VIPs aus Politik, Kunst und Kultur – »der Ritt« ist inzwischen nicht mehr »nur« ein sportliches, sondern längst auch ein gesellschaftliches Ereignis in Südtirol.

SIEGES-TROPHÄEN

Die schönste Trophäe für die Siegermannschaft ist seit Bestehen des Ritts die Ehre, sich als die Besten unter den vielen ausgezeichnet zu haben. Der sichtbare und vorzeigbare Beweis für reiterisches Geschick, Mut und Nervenstärke allerdings ist die »Standarte«, ein handgeschnitztes Porträt des Namensgebers der Veranstaltung. Ihr besonderes Merkmal ist ihre Eigenschaft als »Wanderpreis«: Alljährlich erhält sie, wer als Gesamtsieger aus dem Ritt hervorgegangen ist, in ihren endgültigen Besitz gelangt eine Mannschaft allerdings erst dann, wenn sie den Sieg insgesamt drei Mal erringen konnte. Übrigens werden selbstverständlich auch die jeweiligen Etappensieger geehrt und prämiert, stellt doch jedes einzelne der insgesamt vier Spiele höchste Ansprüche an die Teilnehmer sowohl als Einzelne als auch als Mann- bzw. Frauschaft!

• Galoppturnier in Seis

• Labyrinthritt

DER TORRITT

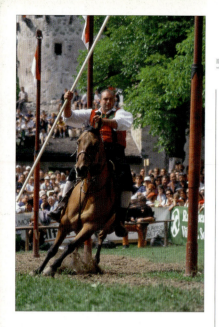

• Rittumzug auf Haflinger Pferden

DER SIEGERPREIS

winkt derjenigen Mannschaft, der es gelang, sämtliche Turnierspiele in der kürzesten Zeitspanne und mit den wenigsten Strafpunkten – d. h. Fehlern – zu bewältigen. Auch die Zeit, die Ross und Reiter benötigen, um die Wegstrecken zwischen den einzelnen Spielen zurückzulegen, wird dabei berücksichtigt. Da gilt es also, hauszuhalten mit den Kräften von Ross und Reiter und diese nicht schon bei den ersten Turnierspielen oder den Über-Land-Ritten restlos zu verausgaben.

Das letzte – und spannendste – der Spiele findet vor der beeindruckenden Kulisse der Burg Prösels oberhalb von Völs statt; nachdem Pferd und Reiter schon drei anstrengende Turnierspiele bewältigt und viele Kilometer zurückgelegt haben, müssen sie für den berühmt-berüchtigten Tor-Ritt noch einmal alles aus sich selbst und ihren Tieren herausholen: In möglichst vollem Galopp müssen die Pferde im Slalom durch die Torstangen manövriert werden – wobei auch die leiseste Berührung der Torstangen zu Strafpunkten führt.

• Torritt auf Schloss Prösels bei Völs

ROSS UND REITER

Kraft, Wendigkeit und Geschicklichkeit – noch einmal zeigen beim Torritt vor den Mauern des stolzen Schloss Prösels die ReiterInnen vor dem staunenden Publikum all ihr Können – und danach wird gefeiert, ausnahmslos und bis tief in die Nacht hinein.

• Slalomritt auf Schloss Prösels

DIE GROSSE FASZINATION

des Oswald-von-Wolkenstein-Rittes liegt in seiner einzigartigen Verbindung von Tradition, Geschichte und sportlicher Herausforderung. Dazu kommt noch die grandiose landschaftliche Kulisse und nicht zuletzt das faszinierende, authentische Ambiente der historischen Stätten, an denen

sich ein Großteil der Veranstaltungen abspielt. Diese Faktoren, gepaart mit der begeisterten Unterstützung durch die Bevölkerung, deren sich der Ritt seit nunmehr zwanzig Jahren konstant erfreut, haben dazu beigetragen, dass sich der Oswald-von-Wolkenstein-Ritt über die Jahre zu einer Verstaltung nicht nur nationalen, sondern internationalen und sogar überseeischen Interesses entwickeln konnte.

• Mädchen in Tracht

VÖLS AM SCHLERN

In schönster Panoramalage auf nur 908 Höhenmetern schmiegt sich Völs zu Füßen des Schlern in die grüne Landschaft – kein Wunder, dass das Dorf schon Mitte des 19. Jahrhunderts vor allem bei Bozner Bürgern als Ort der Sommerfrische sehr beliebt war. Das zauberhafte und luftig-leichte Flair, die Sorg- und Schwerelosigkeit der traditionellen »Sommerfrische« liegen noch heute über dem Dorf und seiner Landschaft wie ein unsichtbarer Schleier und geben beiden ihren unverwechselbaren Charme.  Darüberhinaus aber hat sich Völs vor allem während der »grünen« Jahreszeiten zu einer Feinschmecker-Hochburg entwickelt: Naturkostwochen, »Magic Schlern« mit Musik und gutem Essen unter sommerlichem Sternenhimmel und nicht zuletzt das berühmte , »Kuchlkastl« – hinter diesen Namen stecken Spezialitätenwochen, die diesen Namen völlig zu Recht tragen und seit mittlerweile vielen Jahren beliebte »Fixsterne« sind am Himmel in- und ausländischer Genießer!

Mehr als andere konnten sich Völs und seine Bevölkung den traditionellen Gemeinschaftssinn und ein reges Dorf- und Vereinsleben bewahren. Dieses Zusammengehörigkeitsgefühl kommt bei vielerlei Gelegenheiten trefflich zum Vorschein vor allem aber bei den schönen Veranstaltungen unterschiedlichster Art, die Völs immer wieder reges Publikumsinteresse bescheren.

• Prozessionsumzug gegen Peterbühlkirchlein

VÖLSER TRACHT

Mit besonderem Stolz verweisen die Völser Trachtenträger darauf, dass in der bekannten Trachtensammlung des Bozner Museumvereins ein vollständig erhaltenes Figurenpaar aufbewahrt wird, das mit der originalen Völser Tracht, wie sie vor 150 getragen wurde, bekleidet ist.

• Die Völser Pfarrkirche

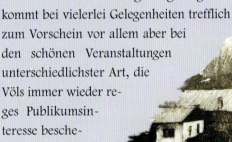

• links: Völs gegen Schlern mit Santner- und Euringerspitze • Völs gegen Peterbühel

VÖLS AM SCHLERN

Zahlreiche Ausgrabungen und Funde belegen, dass die Völser Gegend schon seit dem Mesolithikum kontinuierlich besiedelt ist.
Ein bedeutender Fundort in diesem Zusammenhang ist der Hügel »Peterbühel«, auf dem heute die kleine, dem Hl. Peter geweihte Kirche steht. Schriftlich erstmals erwähnt wird das Dorf im Jahre 888, in einem Schriftstück, das die Schenkung eines Anwesens in der Nähe von Völs durch König Arnulf, den letzten der großen Karolinger, an einen seiner Vasallen festhält. In der Folge treten die Herren von Völs auf dem Spielplatz der Geschichte auf, ein Geschlecht, das Völs über lange Jahrhunderte beherrschte und in deren Glanzzeit, unter der Herrschaft Leonhard des Älteren, das mächtige Schloß Prösels und die Pfarrkirche entstanden. Auch Völs hatte nicht zuletzt und wie viele andere Dörfer auch einen großen Brand in seiner Chronik zu vermerken: Das halbe Dorf, d. h. 12 Häuser fielen im Jahre 1857 den Flammen zum Opfer. Aus der Chronik jener Jahre lässt sich zweifelsfrei entnehmen, das schon damals das sonnige, von mildem Klima ausgezeichnete Völs am Schlern vor allem bei Bozner Bürgern ein beliebter Ort der Sommerfrische war.

• unten: Völs gegen das Schlernmassiv

• rechts: Der Schlernrücken bei St. Konstantin im glühenden Abendrot

VÖLSER LANDSCHAFT

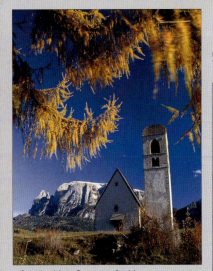

• Das Kirchlein Peter am Bichl

IN DEN SCHÖNEN

Wiesen rund um Völs liegen einige sehr schöne, historische Ansitze, deren wertvollster zweifelsohne jener zu »Zimmerlehen« (Obervöls). Als Brixner Lehen wurde es bereits 1336 bezeugt und ab 1585 durch Ferdinand von Khuepach zu einem vornehmen Herrensitz umgebaut, der im

Laufe der Jahre seine eigene Kapelle erhielt, in deren Altarschrein einst kostbare Emaille-Täfelchen (1594) aus Limoges eingesetzt waren; heute werden diese im Ferdinandeum zu Innsbruck aufbewahrt.

• St. Peter am Bichl – Peterbühl

Das prächtig gelegene Kirchlein könnte das älteste Gotteshaus des Schlerngebiets sein; Rundapsis, ebenso wie Stilelemente am Turm lassen romanischen Einfluss erkennen. Das Wappen des kunstliebenden Leonhard von Völs am Sturz der reich ornamentierten südlichen Eingangstür bezeugt, dass er am spätgotischen Umbau des Kirchleins am Peterbühl maßgeblich beteiligt war. Von der Innenausstattung musste ein Großteil vor Diebeshänden in Sicherheit gebracht werden – sie beschränkt sich nun auf die sehenswerte Kanzel mit eher seltenen Grotesken. Ein Spaziergang zum Peterbühl lohnt sich aber auch unter anderen als kunsthistorischen Aspekten: Der Peterbühl wurde schon in vorgeschichtlicher Zeit in verschiedenen Phasen und über lange Zeitspannen hinweg kontinuierlich besiedelt. Reste gemauerter Häuser aus den Anfängen der zweiten Eisenzeit (ca. Ende 6. Jhd. v.

Chr.) konnten in der Süd- und der Nordecke des Hügels eindeutig nachgewiesen werden – innerhalb der Mauern dieser frühen rätischen Steinhäuser konnten übrigens auch bedeutende Funde, darunter z. B. ein Paar halbmondförmige Fibeln und ein Torques, sichergestellt werden.

• Völs gegen Schlern, links das Peterbühlkirchlein

• Völs, links im Vordergrund Teilansicht des Schlosses Prösels

• Das Dorfzentrum von Völs

• rechts: Das Kirchlein St. Konstantin gegen das Schlernmassiv

VÖLS UND UMGEBUNG

DER »PERWANGER RUNDGANG«

Von St. Konstantin aus führt der Perwanger Rundgang in etwa 1 Stunde durch eine reizvolle Wiesen- und Feld-Landschaft und kann als Spaziergang sehr empfohlen werden.

St. Konstantin

Der Völser Weiler St. Konstantin liegt etwa auf halbem Wege zwischen Völs und Seis und hat vor allem Dank seiner einzigartig schön gelegenen Hügelkirche einige Berühmtheit erlangt; die Wände des Schlern sind eine grandiose Kulisse für die Kirche und so nimmt es nicht weiter Wunder, wenn dieses kleine Gotteshaus zu den beliebtesten Fotomotiven in Südtirol gehört. Die Riesengestalt des Hl. Christophorus am ursprünglich romanischen Turm ist ein edles Zeugnis der hochgotischen Bozner Schule. Der künstlerisch hochwertige Rokoko-Altar im Kircheninneren wurde leider geplündert, sodass sich das Auge des heutigen Besuchers nur noch an der architektonisch äußerst gelungenen und harmonischen Grazie des spätgotischen Netzgewölbes erfreuen kann. St. Konstantin ist nicht zuletzt bei heiratswilligen Paaren als romantische Kulisse für die kirchliche Trauung äußerst beliebt.

• Der Speltenzaun vor der St.-Konstantin-Kirche

• Das St.-Konstantin-Kirchlein gegen Schlern

SCHLOSS PRÖSELS

Dem Besucher bietet Schloß Prösels nicht nur zahlreiche Einblicke in die bewegte Vergangenheit dieser Landschaft, sondern auch zauberhafte Ausblicke weit darüber hinaus.

Schloss Prösels

Ein dichtes Geflecht schöner Wanderwege überzieht die Gegend rund um Völs und lädt zum beschaulichen Entdecken dieser

geschichtsträchtigen Landschaft ein. Das mächtige Schloss Prösels im gleichnamigen Weiler ist nur einer der vielen architekionischen, kunst- und kulturgeschichtlichen Höhepunkte.

• Schloss Prösels gegen die Mendel

SCHLOSS PRÖSELS

• Schloss Prösels im Herbst

LEONHARD VON VÖLS

der um 1500 Landeshauptmann war und die bis dahin kleine Burg Prösels zu einem prächtigen Schloss umbauen ließ, nannte sich »von Völs Colonna«. Letzterer ist der Name eines mächtigen italienischen Adelsgeschlechtes – die Herren von Völs führten ihre eigene Abstammung auf diese Familie zurück, um so ihr edles Geblüt zu unterstreichen und zu betonen. Colonna heißt zu deutsch »Säule«, welch letztere das Wappen der Herren von Völs ziert. Die Gemeinde Völs hat diese Säule in ihr Dorfwappen übernommen.

• Der Speisesaal

• Der »Pfeilersaal«

Im »Pfeilersaal« auf Schloss Prösels kann die recht umfangreiche Waffensammlung besichtigt werden; einige Teile stammen aus der Zeit des Leonhard von Völs, andere taten in den Schlachten von Solferino und Custoza ihren grausigen Dienst.

• links: Schloss Prösels gegen Schlern   • Schloss Prösels aus der Luft

DIE WEIHER VON VÖLS

Der Völser Weiher

Wie so vieles in der Gemeinde Völs ist auch der idyllische Völser Weiher ein Werk der Herren von Völs: Sie wollten eine Fischzucht und ließen so das künstliche Kleingewässer anlegen, das heute ein beliebtes Ausflugsziel ist und sich bis nach Bozen hinunter einen Namen als schöner Badeweiher gemacht hat. Zu der großen Beliebtheit des Völser Weihers trägt nicht zuletzt seine einzigartig schöne Lage bei: Mit dem Schlern im Rücken, von schönem, altem Waldbestand umgeben und nicht zuletzt Dank einer Reihe von schönen Spazier- und Wanderwegen, die ihn nach allen Himmelrichtungen zu »erschließen« ist der Weiher ein Juwel, das zu jeder Jahreszeit eine ganz besondere Faszination ausübt.

DER NATURPARK

Der Völser Weiher liegt innerhalb der Grenzen des Naturparks Schlern und ist insofern besonders strengen Schutzmaßnahmen unterworfen.

• unten: Der Völser Weiher

• Teichrosen

Am Weg, der vom Völser Weiher über die Ruine Hauenstein nach Seis und Kastelruth führt, liegt ein auffälliger Felsbrocken, dem nachgesagt wird, dass einst sich hier die Hexen versammelten, um ihre bösen Feste zu feiern. Was um die vielen Hexengeschichten, von denen die Völser Sagenwelt bevölkert wird, Wahrheit und was Legende ist, kann heute kaum noch ermittelt werden. Tatsache aber ist, dass Leonhard von Völs – der andererseits Großes für die Gemeinde geleistet hat – ein äußerst eifriger und erfolgreicher Hexenverfolger war.

WANDERN

Der Völser Weiher ist sowohl Ausgangs- als auch Zielpunkt zahlreicher Wanderungen und Spazierwege, die vor allem unter lanschaftlichen Aspekten äußert lohnend sind.

• Ansitz Zimmerlehen oberhalb Völs, im Hintergrund der Schlern im abendglühenden Rot

• Ruder- und Badevergnügen am Völser Weiher

• Schwan am Weiher

DIE UMGEBUNG VON VÖLS

Von Völs zum nahen Rosengarten

SOWOHL

Tiers als auch Völs erheben Anspruch auf das berühmte und schön gelegene Kirchlein zu St. Katharina; es wurde 1293 geweiht, doch sind von diesem ursprünglichen Bau nur noch kärgliche Reste erhalten. Sehr gut erhalten hingegen sind die kräftig und ausdrucksvoll gemalten Szenen aus dem Leben der Hl. Katharina, welche der Bozner Schule zugeschrieben werden und die südliche Außenwand der Kirche zieren. Bis 1860 befand sich hier übrigens ein heute leider verschwundenes Missal aus dem 12. Jhd.

Seit jeher sind sich die beiden Gemeinden Völs und Tiers in besonderer Weise verbunden; »Völsegg«, »Schnaggenkreuz« und noch einige andere Örtlichkeiten sind in beiden Dörfern ein Begriff und bilden gewissermaßen das Bindeglied zwischen den Dörfern, die im übrigen durch schöne Wanderwege miteinander verbunden sind. Tiers ist der Hauptort des bezaubernd schönen und idyllischen Tierser Tales, das von den berühmten, schroff emporragenden und sagenumwobenen Felstürmen und Wänden des Rosengartens abgeschlossen wird. Mit seinen steilen Flanken und grünen Wiesen kann es auf eine weit zurückreichende alpine Tradition verweisen: Das Hochtal galt und gilt als das Tor zum berühmten Rosengarten, als »Tal des Rosengartens« schlechthin.

• Die Umser Kirche

• Ums bei Völs

• Schloss Prösels gegen Puflatsch und Schlern

• Ums gegen das Schlernmassiv   • rechts: Völser Aicha gegen Bozen und Me

DAS ROSENGARTENGEBIET

DER REGENBOGENSEE

Im Ladinischen wird der berühmte Karersee noch heute »Regenbogensee« genannt. Die Legende erzählt, dass einst ein Zauberer mittels eines Regenbogens und vielen Juwelen die hier wohnende Nixe für sich gewinnen wollte, was ihm aber nicht gelang. In seinem Zorn warf der Zauberer sowohl Regenbogen und Juwelen auf den Grund des Sees, wo sie heute noch liegen.

Durch die atemberaubend schöne Lage mit dem Rosengarten als Hintergrund hat sich Tiers vor allem bei Sommerurlaubern einen schönen Namen gemacht. Nicht zuletzt die Tatsache, dass die touristische Entwicklung – im Vergleich zu anderen Südtirolern Orten – hier noch in den Kinderschuhen steckt, hat viel dazu beigetragen, dass der Name Tiers unter Insidern als Geheimtip gehandelt wird. Das Dorf selbst und sein Tal sind auch heute noch idyllische »Inseln« der Ruhe und wahre Dolomiten-Juwele.

• Die Kirche von Völser Aicha

• Das Kirchlein St. Katharina

Das Dorf hat 900 Einwohner, erstreckt sich über 42 qkm – von denen etwa 1/3 innerhalb der Grenzen des Naturparks Schlern liegen – und wird im Norden vom Schlern, im Osten vom Rosengarten begrenzt. Bronzezeitliche Funde weisen auf eine frühe Besiedelung hin, schriftlich erwähnt allerdings wird das Dorf zum ersten Mal im Jahre 999.

• St. Katharina in Breien

ZUM ROSENGARTEN IN TIERS

• Die Vajoletürme

• Tiers am Rosengarten

• Kletterpartie am Delago- und Stabelerturm

Zu den hervorragenden Tierser Sehenswürdigkeiten gehört – neben der schönen, sonnigen Landschaft – das Kirchlein St. Zyprian; bemerkenswert ist nicht nur die vorzügliche Lage des kleinen Kirchenbaus sondern auch die Wandgemälde, welche die wunderbare Rettung der »Platzlinderwiese« – auf der das Kirchlein steht – vor Gottes Zorn seitens der Heiligen Zyprian und Justina bildlich darstellt. Die Legende besagt übrigens, dass die Besiedelung des Tales von hier aus erfolgte.

Die Infostelle des Naturparks Schlern wurde in Tiers eingerichtet; hier werden die geologische Geschichte der Landschaft rund um den Schlern und ihre natürlichen Eigenheiten anschaulich erklärt und erläutert. Sehenswert ist in diesem Zusammenhang nicht zuletzt das alte Sägewerk, das sachkundig restauriert wurde und das Wesen dieses alten Handwerks schön veranschaulicht. Die charakteristische »venezianische Säge« liegt am Eingang zum wildromantischen Tschamintal.

DER KLETTERGARTEN

Der berechtigte Ruhm des Rosengarten gründet einerseits auf seiner sagenhaften Schönheit, andererseit in den zahlreichen Wänden, Scharten und Graten, die das Herz eines jeden Kletterers höher schlagen lassen. Doch auch dem Wanderer bietet der Rosengarten eine Vielzahl von Möglichkeiten zur Erkundung der sagenhaften Welt des König Laurin.

• Die Vajoletürme mit Winklerturm und Winklerscharte

• Die Tierser Pfarrkirche gegen den Rosengarten

WINTER

KASTELRUTHER BAUERNHOCHZEIT

Eines der prunkvollsten und farbenprächtigsten Feste im Schlerngebiet ist die »Kastelruther Bauernhochzeit«, die alljährlich im Januar stattfindet.

• Euringer und Santner

• Kastelruther Turm

DER WINTER

Noch vor wenigen Jahrzehnten ruhte im Schlerngebiet nicht nur die Natur, sondern auch so gut wie sämtliches Leben: Der bäuerlichen Bevölkerung boten die kurzen Wintertage viel Zeit, um beispielsweise Körbe oder Sagen zu flechten, um zu heiraten – die berühmte »Kastelruther Bauernhochzeit« findet traditionsgemäß während der Wintermonate statt – und vieles andere mehr zu erledigen, wozu die arbeitsintensiven Sommermonate kaum Gelegenheit boten. Erst die berühmte »Slittovia«, die im Jahre 1938 auf der Seiser Alm als »Urmutter« aller Skilifte ihren Betrieb aufnahm und bahnbrechend war für den modernen Wintersport, veränderte das winterliche Leben im Schlerngebiet von Grund auf: In der weißen Jahreszeit ist das Schlerngebiet mittlerweile genauso bunt und von Leben erfüllt wie während der Sommermonate – kein Wunsch an König Winter, der sich hier unter dem Schlern nicht erfüllen könnte!

• Eine Gasse im Zentrum

• Kastelruther Bauernhochzeit

• Kastelruth, links unten im Hintergrund das Dörflein Tisens

KASTELRUTH IM WINTER

• Kastelruth gegen Schlern

Der Himmel über dem Schlerngebiet ist im Winter genauso blau wie im Sommer – der Kontrast zur blendendweißen Schneedecke gibt ihm vielleicht sogar noch ein Quäntchen mehr an Intensität. Die für Bergregionen ungewöhnliche Weite dieser Landschaft erlaubt viel Licht und Sonne auch während der anderswo »dunklen« Wintermonate.

WINTERABENDE

Während sich an langen Sommerabenden das Leben vorzugsweise auf den Plätzen und in den Gassen der Dörfer abspielt,

verlagert es sich im Winter naturgemäß nach innen, in die gemütlichen Stuben. Doch haben auch winterliche Bummel durch die stillen, festlich beleuchteten Gassen ihren einzigartigen Reiz.

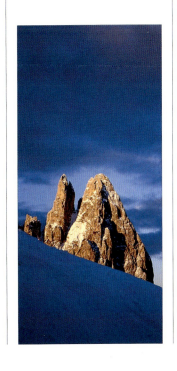

DAS SCHLERNGEBIET IM WINTER

• Die Seiser Kirche

DIE LANDSCHAFTLICHE VIELFALT

des Schlerngebietes garantiert auch im Winter Abwechslung und endlose Möglichkeiten der Freizeitgestaltung: Sämtliche sowohl klassischen als auch modernen Varianten des Wintersports finden hier optimale Bedingungen. Doch auch, wer sich lieber auf gutes Schuhwerk als auf rutschende Bretter oder Kufen verlässt, findet hier eine Vielzahl an Möglichkeiten, sich die Zeit auf angenehmste Weise zu vertreiben: Spazier- und Wanderwege, Kunst und Kultur und nicht zuletzt die Sonne bieten hier ebenso schöne wie stets präsente Alternativen zu den Freuden des »klassischen« Wintersports.

• Kastelruth bei Nacht

Die stillen Bilder sind nur ein Aspekt des winterlichen Schlerngebietes: Ruhe und pralles Leben halten sich hier auch im Winter perfekt die Waage.

• Völs am Schlern

• St.-Valentin-Kirchlein oberhalb Seis

DER SCHLERN IM WINTER

Schneevergnügen auf der Seiser Alm

Schnee in seiner schönsten Form und in all seiner Vielfalt: Die Seiser Alm ist auch im Winterkleid konkurrenzlos und einzigartig – nirgends sonst strahlt auch im Winter so viel Sonne über weiter Landschaft wie hier!

Schon im fernen Jahre 1904 entstanden Bilder von Skifahrern, die sich an den Hängen über Kastelruth in der jungen Kunst erprobten. Noch allerdings sollte es Jahrzehnte dauern, bis der Wintersport offiziell als solcher anerkannt wurde und Einzug hielt im Schlerngebiet. Wer abfahren wollte, musste sich damals erst die tief ver-

schneiten Hänge emporarbeiten – heute nehmen modernste Liftanlagen dem Abfahrer diese anstrengende Arbeit ab und garantieren jederzeit für perfektes Abfahr-Vergnügen innerhalb eines Skikarusells, das in vielerlei Hinsicht absolut konkurrenzlos dasteht.

• Die Seiser Alm gegen Euringer und Santnerspitze

WINTERPARADIES

• Bauernhochzeit in Kastelruth

Lang- und Plattkofel, die Rosszähne, der Schlern – während der Wintermonate tummelt sich alles Leben ausschließlich zu ihren Füßen. Knirschenden Schnee unter den Wanderschuhen, perfekt präparierte Pisten unter den Brettern, stille Landschaft am Horizont, schnelle Kufen aus fröhlichen Kindertagen, romantische Überland-Fahrten zum Träumen – König Winter hat nichts aus seinem Füllhorn ausgespart, als er hier zu Werke ging.

• Die Seiseralm mit Mollignongebirge

DIE »SLITTOVIA«

Wo heute die moderne »Panorama«-Sesselbahn ihre brettlbewehrten Fahrgäste ebenso geräuschlos wie rasch vor der beeindruckenden Bergkulisse in die Höhe befördert, tat vor noch knapp 60 Jahren die »Slittovia« ihren Dienst am Skisport. Das schlittenartige Gerät, das Abfahrwilligen den Anstieg ersparte, ist als bahnbrechende Pionierleistung in die Annalen des Schlerngebietes eingegangen.

• Die Seiser Alm gegen die Langkofelgruppe im letzten Sonnenlicht

• Die Rosszähne im Winter

• Die verschneiten Schlernhäuser

• Schlittenhunderennen

DIE SEISER ALM IM WINTER

Schneeschuhwandern oder Tourengehen – auch »stille« Individualisten finden hier oben, wonach sie suchen. Wenn die Sonne hinter dem Schlern versinkt und den Himmel über der Seiser Alm glutrot färbt, wenn die Lifte stillstehen und das fröhlich-bunte Wintervolk sich in warme Stuben zurückgezogen hat, läßt sich leise wie ein Hauch die sagenhafte »verheißene Zeit«, von der unsere Ahnen zu erzählen wissen, ahnen und fühlen.

Besonders atemberaubend ist ein Rundflug mit einem Hubschrauber oder anderem Fluggerät über die Seiser Alm und das umliegende Dolomitengebirge.

Die schönste Art der gemächlichen Fortbewegung auf weichem Schnee: Ein blonder Haflinger vor dem Schlitten ...

• Der Lang- und Plattkofel aus der Luft

• unten: Die Seiser Alm gegen Rosszähne und Schlern mit Eurolift im Vordergrund und Spitzbühllift

• St.-Konstantin-Kirchlein gegen Schlern

Der Langlauf hat auf der Seiser Alm zwar nicht so weit zurückreichende Wurzeln und Tradition wie das Alpinskifahren, gleichwohl hat sich das Gebiet weltweit großen Ruhm als exzellentes Ziel für Anhänger der nordischen Diszipin gesichert. Mit dazu beigetragen hat sicherlich die Tatsache, dass bis weit in die 70er Jahre hinein sich hier alljährlich und anläss-

Ein Wintertag im Herzen der Dolomiten neigt sich dem Ende zu – unter kristallklarem Himmel oder in der gemütlich-warmen Stube, je nach Lust und Laune. Die Möglichkeiten, alle Freuden des Winters ebenso rest- wie ausnahmslos auszukosten, sind schier zahllos. Das winterliche Schlerngebiet bietet nicht mehr und nicht minder als die süße Qual der Wahl.

• unten: der Langkofel im Abendlicht   • rechts: Der Santner gegen die AVS-Hütte und Puflatschhütte auf der Seis

lich der Weltcup-Austragungen die Crème de la Crème der Langläufer aus aller Welt ein Stelldichein gab. Über 70 km penibel gepflegter Langlaufloipen sind gewissermaßen das Erbe aus jenen Tagen – es steht uneingeschränkt den vielen zur Verfügung, die sich dem Reiz des stillen Gleitens in unberührter Natur und in seiner ursprünglichsten Form nicht entziehen können.

• Seiser Alm mit Langkofelgruppe